AF635267

Irland
mit dem Wohnmobil

Bucht Smernick Harbour auf Dingel – am westlichsten Punkt der Grünen Insel

Thomas Cernak

IRLAND MIT DEM WOHNMOBIL

Die schönsten Routen zwischen Dingle und Nordirland

BRUCKMANN

Wolken wie Wattebäusche
(IOAC-Campsite
bei Wexford)

INHALT

» LAND & LEUTE

ARAN KNITWEAR
village crafts
The Sweater Shop
DEVON
NISSAN VANETTE

Schön bunt:
Fisherstreet in Doolin

Morgenimpression in Rush (Dublin) am Caravan & Camping Park

Vielleicht wächst der Wohnmobil-Tourismus in Irland nicht ganz so rasant wie in vielen anderen europäischen Ländern, doch ein maßvollerer Anstieg erweist sich oftmals als Vorteil. Da auch immer mehr Iren diese inspirierende Form des Reisens für sich entdecken, steigt die Zahl der Reisemobil-Stellplätze zwar langsam, aber kontinuierlich. Die irischen Campingplätze reagieren darauf, indem sie ihre Einrichtungen modernisieren. Vergrößerungspläne sind erfahrungsgemäß bestenfalls mittelfristig zu verwirklichen. Würde das Wachstum zu rasch voranschreiten, wäre eine Camping-Parzelle in der ersten Reihe mit Meerblick nur noch über eine Vorausbuchung zu bekommen.

Im Augenblick stellt sich die Situation so dar, dass man selbst in den Hochsommermonaten Juli und August – insbesondere in den dünn besiedelten und abgeschiedenen Küstengegenden (etwa im County Donegal) – nicht mehr als zwei oder drei Fahrzeuge an einem Fleck antrifft. Ausnahmen bilden die großen Caravan Parks vorwiegend im vergleichsweise regenarmen Südosten, wo viele Einheimische ihre großen Ferien verbringen. Die meisten Gäste aus dem Ausland mit Wohnmobil sind Briten, Deutsche, Franzosen und Niederländer. Auffällig stark vertreten sind die Eidgenossen. Irland ist für eine ständig wachsende Gruppe von Reisemobilisten in Kontinentaleuropa nicht irgendein Ziel, sondern eine Herzensangelegenheit.

BLOWIN' IN THE WIND

Die markantesten Eindrücke, die man wahrnimmt, wenn man die Insel zum ersten Mal betritt, sind eine fast südländische Gelassenheit zum einen, zum anderen ein ausgeprägter Hang zu strengen Regeln (Stichwort: Radfahr- und Tretrollerverbot auf Campingplätzen), dazu die offenherzige Freundlichkeit der Bedienung an der Tankstelle beziehungsweise der Damen und Herren der Rezeption und die im Südteil verbreiteten, meist etwas mickrigen, vom Wind zerzausten Palmen sowie die unbekümmert tobenden Kids beim Paddel-Kurs im neu eröffneten Adventure Park. Daneben das Weiß der Wolken, ihr schnelles Vorübergleiten am tiefblauen Himmel und die frische Atlantikluft, die einem unablässig um Kopf und Nase weht.

Die fast durchweg engen, kurvigen Land- und Küstenstraßen sollte man als Herausforderung annehmen und nicht als lästiges Übel betrachten. Das bedeutet aber auch, dass man stets ein dickes Zeitpolster für die anvisierten Tagesetappen einkalkulieren sollte. Aufs Navi ist ohnehin nicht so richtig Verlass: Eine Durchschnittsgeschwindigkeit von 80 Stundenkilometern, die es für seine Berechnungen zugrunde legt, ist auch mit einem ultrakompakten Camper nicht realisierbar und der vermeintlich schnellste Weg entpuppt sich trotz aktuellem Karten-Update hin und wieder als Trampelpfad. Der Autor dieses Buches rät daher, einen guten alten Spiralatlas in die Reiseplanung mit einzubeziehen, der das ganze Land abdeckt (Maßstab 1:300 000, etwa von Michelin oder Collins). Ein weiteres Problem bei den digitalen Wegweisern ist, dass für manche Orte verschiedene Schreibweisen gebräuchlich sind. Es ist bei der Adresseneingabe durchaus von Bedeutung, ob man Cahersiveen oder Cahirsiveen (eine Stadt im County Kerry) eingibt. Ein anderes Mal übersieht man womöglich, dass sich der nächste Halt bereits einen Fuß breit auf nordirischem Gebiet befindet – und er daher in der Auswahlliste für die Republik Irland nicht erscheint.

WARUM AUSGERECHNET IRLAND?

Was macht die Insel überhaupt so einladend? Da ist zum einen dieses viel zitierte Grün der Landschaft in allen möglichen Schattierungen, häufig besungen als »Forty Shades of Green«, zum anderen das Leuchten der in Blüte stehenden Fuchsienhecken oder Rhododendronsträucher vor dem Hintergrund dunkler Bergketten; ferner die kargen Hochmoore, die stolzen Herrenhäuser und mystischen Klosterruinen, die überaus lebendigen (Kultur-)Metropolen und ganz wichtig: der freundliche, gesellige Ire im Allgemeinen.

Wer ihn kennenlernen möchte, besucht am besten einen Pub. Dort kann man seinen mitunter merkwürdigen Geschichten und fidelen Liedern lauschen, nicht selten ergibt sich ein angenehmes Gespräch. Die Pubs in der Republik haben in aller Regel nichts mit schummrigen Bierpinten gemein, sie überraschen vielmehr mit zeitgemäßem gemütlichen Interieur. Mehrere Generationen feiern in ihnen gemeinsam: Gestandene Mannsbilder trifft man dort ebenso häufig an wie junge Leute und Familien mit Kindern – und ein gutes herzhaftes Essen bekommt man oft auch serviert. Beachten sollte man allerdings

Über den Dächern Dublins: Blick von der Gravity Bar im Guinness Storehouse

Wein- und Spirituosenhändler in der Baggot Street Lower in Dublin

die Sperrzeiten. Jugendliche und Kinder unter 16 Jahren dürfen sich auch in Begleitung Erwachsener nur bis 21 Uhr in den Pubs aufhalten – von Mai bis September eine Stunde länger. In Nordirland gelten strengere Regeln: Dort ist ein Besuch offiziell erst ab dem 21. Lebensjahr gestattet (Ausnahme: in Begleitung Erwachsener bis 21.30 Uhr).

EIN BISSCHEN GEOLOGIE

Das Inselinnere prägen ausgedehnte Kalksteinflächen mit vielen kleinen, manchmal auch großen, Seen, verbunden durch ein verzweigtes System von Flüssen. Der bekannteste von diesen ist der ruhig dahinfließende Shannon – mit einer Länge von 386 Kilometern längster Fluss auf den britischen Inseln. Teils mächtige Gebirgszüge säumen die Küsten, wie beispielsweise die bis zu 1038 Meter hohen Macgillycuddy's Reeks. Roter Sandstein kennzeichnet die Höhen im Süden, Granit und Quarzit jene im Nordwesten. Einzelne kahle Kegelberge, die plötzlich aus der flachen Landschaft emporragen, sind ein weiteres Merkmal. Wiederaufforstungen haben bewirkt, dass der Anteil der Wälder an der Gesamtfläche von etwa sechs auf 13 Prozent gestiegen ist. Ein Schatzkästchen für Geologen und Botaniker ist der Burren, ein Karstplateau im Westen im County Clare. Die Eiszeiten haben in Irland deutliche Spuren hinterlassen, zum Beispiel in Form von glatt geschliffenen Felsen oder tiefdunklen Gletscherseen. Zu den spektakulärsten Küstenabschnitten gehören unter anderem die Cliffs of Moher, die Klippen auf Achill Island und der Giant's Causeway an der nordirischen Nordküste.

Die Tier- und Pflanzenwelt Irlands zeigt sich hingegen ausgesprochen artenarm. Dafür sind vor allem zwei Dinge verantwortlich: Zum einen überlebten nur wenige Pflanzen die letzte Eiszeit, zum anderen war es für die ursprüngliche Flora und Fauna sehr schwierig, aus anderen Verbreitungsgebieten wieder heimzukehren. Der Grund: Die Landbrücke zwischen Schottland und Irland verschwand mit der einsetzenden Warmzeit. Lediglich 55 Säugetierspezies zählt man heute auf der Insel, darunter etliche Fledermausarten. Es gibt keine Schlangen. Beschreibungen darüber, dass sie der heilige Patrick einst vertrieb, sind mit großer Wahr-

Mittagspäuschen an den Cliffs of Kerry

scheinlichkeit der Rubrik »schöne Legenden« zuzuordnen. Berg- und Moorechsen sind die einzigen vorkommenden Reptilien. Irischer Elch, Wildkatze und Wolf sind lange ausgestorben.

IM REICH DER PIEPMÄTZE

Besser erging es den Vögeln, denn sie konnten wieder in ihre Urheimat zurückfliegen. Rund 150 angestammte Arten wie Papageientaucher und Basstölpel sowie rund 250 Zugvogelarten lassen sich hier beobachten, besonders entlang der Klippen und auf den zahllosen Felseninseln vor der Küste. Die Brutzeit ist meist im Mai und Juni. Auch an den Binnenseen leben zahlreiche Wasservögel, wie etwa der Austernfischer; er ist sonst nur am Meer anzutreffen. In den Moorgebieten sind Brachvogel und Lerche beheimatet. Darüber hinaus gelang es unter anderem, den Steinadler wieder erfolgreich anzusiedeln. In den Bächen, Flüssen und Seen tummeln sich etwa 40 Fischarten, die häufigsten sind Lachs und Forelle. Im Meer zählt man ungefähr 375 Arten – vom Hering über Scholle bis zur Seezunge.

Die irischen Nationalparks – sie gibt es bislang nur in der Irischen Republik – sind im Vergleich zu anderen Ländern recht klein und selten spektakulär. Sie sind gut erschlossen und ausgeschildert und bergen keine Gefahren, sofern man die markierten Wege nicht verlässt. Die ausgewiesenen Gebiete sind das ganze Jahr über frei zugänglich. Beispiele sind der Burren National Park, eine Karstlandschaft mit bemerkenswerter Botanik, der Glenveagh National Park, wo man mit viel Glück Adler erspähen kann, und der Wicklow Mountains National Park, durch den wunderbare Trails wie der Wicklow Way führen. Ebenfalls bei Wanderern sehr beliebt: der Connemara National Park, eine reizende Berglandschaft im County Galway.

Auf der »Grünen Insel« leben etwa 6,2 Millionen Menschen, mehr als zwei Drittel davon in der Republik Irland, die 83 Prozent der Fläche einnimmt. Noch vor 200 Jahren gehörte das Eiland zu den am dichtesten bevölkerten Ländern in Europa. Es folgten mehrere Auswanderungswellen, die mit Abstand denkwürdigste und folgenschwerste dauerte von 1845 bis 1852 – es war die Zeit der »Großen Hungersnot«. Schätzungsweise

Klosterruine in Timoleague an der Südküste

1,5 Millionen Iren kehrten damals ihrer Heimat den Rücken, um etwa in Nordamerika oder Großbritannien einen Neubeginn zu wagen. Zu Anfang des 20. Jahrhunderts war die Einwohnerzahl von ehemals 8,5 Millionen auf unter fünf Millionen geschrumpft. Auch nach dem Zweiten Weltkrieg verließen jährlich Zehntausende das Land auf der Suche nach besseren Lebensbedingungen. Der Tiefpunkt war 1961 erreicht, als gerade noch drei Millionen Menschen die Insel bewohnten.

EIN KOMMEN UND GEHEN

Danach nahm die Bevölkerung mal zu, mal ab – je nach Wirtschaftslage. Auch während und nach der Bankenkrise 2009 verließen pro Jahr bis zu 75 000 Fachkräfte das Land. Kanada, die USA und Neuseeland heißen nach wie vor ihre begehrten Ziele. Andererseits gab es auch viele gegenteilige Entwicklungen: Das immense Wirtschaftswachstum in den 1990er-Jahren etwa ermunterte viele gut ausgebildete Europäer, aber auch Afrikaner, Asiaten und Südamerikaner, ihr Glück in Irland zu suchen. Letztendlich hat auch eine überdurchschnittlich hohe Geburtenrate dazu beigetragen, den jahrhundertelangen Einwohnerschwund zu stoppen. Die größten Städte sind Dublin und Belfast mit 1,1 Millionen beziehungsweise 268 000 Einwohnern. Die größte West-Ost-Ausdehnung beträgt 290 Kilometer, die größte Nord-Süd-Ausdehnung 466 Kilometer. 3700 Kilometer warten auf jene, die der Küstenlinie exakt folgen möchten.

Die Republik Irland ist eine parlamentarische Demokratie mit einem Premierminister an der Spitze. Die in einem komplizierten Verfahren gewählten Abgeordneten treten im »Dáil Éireann« zusammen, dem »Rat Irlands«. Die Parteien mit den meisten Abgeordneten sind: Fine Gael, Fianna Fáil, Sinn Féin und Labour. Zwar gibt es eine weitere Kammer, den Senat, aber sie ist nur in beratender Funktion tätig. Der irische Präsident hat wie in Deutschland eine repräsentative Aufgabe. Doch im Unterschied zu uns wählt das Volk ihn direkt. Eine ganz besondere Demokratieform bestimmt die Politik in Nordirland. Das System zwingt die beiden stärksten Parteien, Sinn Féin und Democratic Unionist Party (DUP), welche die gemäßigten Extreme vertreten, gemeinsam zu regieren und alle weiteren politischen Gruppierungen in die Arbeit einzubinden. Auch mit einer absoluten Mehrheit ausgestattet darf keine Partei allein Gesetze erlassen. Diese strikten Rahmenbedingungen erschweren die politischen Prozesse – oder führen gar dazu, dass im Streit um ein Problem überhaupt kein Kompromiss möglich ist.

GEWINNER UND VERLIERER

Nach der Teilung Irlands im Jahr 1921 besaß Nordirland einen Großteil der Industriebetriebe und der Republik blieb nach eigenem Wunsch zunächst fast nur die Landwirtschaft. Diese war lange Zeit vom Export nach Großbritannien abhängig. Die EU-Mitgliedschaft Irlands und die geglückte Anwerbung von Großinvestoren aus dem Ausland führten zu einer grundlegenden Änderung der Situation, auch weil Schiffs- und Flugzeugbau in Nordirland einen starken Niedergang verzeichnen mussten. Die Eigenheim-Quote der Iren ist mit 75 Prozent ungewöhnlich hoch, weshalb die Immobilienbranche viele fette Jahre verzeichnete. Der Banken-Crash von 2008/2009 bereitete dem Boom ein jähes Ende. Zehntausende fertiggestellte Häuser fanden keine Käufer. Der Dienstleistungssektor und die IT-Branche erwirtschaften heute – begünstigt durch extrem niedrige Unternehmenssteuersätze – mehr als zwei Drittel des Bruttoinlandsprodukts.

Trotz seines reichen Kulturerbes, seiner wunderbaren Landschaft und seines liebenswerten Menschenschlags verkörperte Irland lange Zeit nur das Sehnsuchtsziel einer kleinen Gruppe von Individualreisenden. In den 1980er-Jahren entwarf man einen Fünfjahresplan, der den Tourismus deutlich beleben sollte. Das neue Konzept ging auf: Einzig im Jahr der Finanzkrise gab es leichte Einbußen, ansonsten verzeichnete das Land jährlich große Zuwächse bei den Besucherzahlen. Besonders die Deutschen haben ihre Liebe zu Irland entdeckt: 2018 besuchten rund 820 000 Gäste aus Deutschland die Republik Irland, was einer Steigerungsrate von satten 20 Prozent gegenüber dem Vorjahr entspricht. Unterstützt vom »Game-of-Thrones«-Fieber vermelden auch die nordirischen Touristiker Jahr für Jahr positive Zahlen. Der Tourismus ist Irlands größte heimische Industrie; er beschäftigt etwa 325 000 Menschen auf der gesamten Insel. Manche Anbieter haben schon vor einigen Jahrzehnten das riesige Potenzial der »Freiluft-Hotellerie« erkannt und einen Campingplatz gegründet, darunter die Familie Sexton in Timoleague (Sexton's Caravan & Camping

Sexton's Caravan & Camping Park, einer der ältesten Plätze im Land

Sehr gute Adresse: Camping Mannix Point

Park) und Mortimer Moriarty in Cahersiveen (Mannix Point Camping & Caravan Park). Beide Plätze gehören bis heute zu den beliebtesten im Land.

INTENSIVE IDENTITÄTSPFLEGE

Irisch (Gälisch) ist zwar in der Republik Irland offiziell die erste Landessprache, doch tatsächlich spricht nur ein Prozent der Bevölkerung im Alltag fast ausschließlich Irisch. Die Umgangssprache ist Englisch. Um das Aussterben der irischen Sprache zu verhindern, die einen wichtigen Teil der nationalen Identität darstellt, muss sie jedes Kind in der Schule lernen und alle offiziellen Dokumente müssen auf Irisch vorliegen. Es gibt aber Regionen, wo Gälisch noch die Muttersprache vieler Einwohner ist. Man nennt sie Gaeltacht – wohl bekanntestes Beispiel ist die viel besuchte Dingle-Halbinsel. Ein eigens eingerichtetes Gaeltacht-Ministerium kümmert sich um den Schutz der bedrohten Sprache und gewährt der Sprachminderheit finanzielle Anreize und Vergünstigungen.

Für Festlandeuropäer klingt die irische Sprache, die ihren Ursprung im Keltischen hat, völlig unverständlich. Doch auch den englischsprachigen Iren gehen ihre Worte nicht leicht über die Lippen, denn es existiert weder eine irische Hochsprache noch folgt sie festen Regeln. Und damit die Verwirrung perfekt ist, stehen die regionalen Ausprägungen gleichberechtigt nebeneinander. Rund 1,8 Millionen Iren und Nordiren verstehen die Sprache und nutzen sie gelegentlich. Zur irisch-gälischen Kultur zählen auch eine Reihe von Sportarten, wie zum Beispiel Hurling, wo der Ball mit einem Stock geschlagen wird, oder Gaelic Football, eine Mischung aus Fußball und Rugby. Bei beiden Mannschaftssportarten kommen 15 Spieler zum Einsatz. Als Camogie bezeichnet man das Frauen-Hurling mit zwölf Spielerinnen auf dem Feld.

UNBLUTIGE CHRISTIANISIERUNG

Im fünften Jahrhundert wurden die keltischen Iren durch die Missionare Saint Brendan und Saint Patrick ohne Blutvergießen zum Christentum bekehrt. Bald entstanden die ersten Klosterbezirke mit Handwerksbetrieben, Schreibstuben und Gästehäusern.

Ein Abt überwachte das strenge mönchische Leben. Viele Gläubige gingen in die freiwillige Verbannung in sehr entlegene, einsame Ecken. Bekanntestes Beispiel dafür ist die Abtei auf dem schroffen winzigen Felseneiland Skellig Michael mit bienenkorbartigen Zellen aus lose geschichteten Natursteinen.

Der Nationalheilige Patrick wurde wahrscheinlich ums Jahr 387 im Ort Banna Venta Berniae im römischen Britannien als Sohn eines römischen Offiziers geboren. Seine Priesterausbildung erhielt er vermutlich im gallischen Auxerre. 432 entsandte ihn Papst Coelestin I. zur Missionierung nach Irland. Patrick gründete nicht als erster Missionar Schulen, Kirchen und Klöster, war aber der deutlich erfolgreichste; es gelang ihm am besten, die keltischen Stammesfürsten und Könige für sich und seinen Glauben zu gewinnen. Als Patrick um 461 starb, galt Irland als bekehrt. Seit jener frühen Epoche ist der Katholizismus in der Republik Irland fest verankert. 86 Prozent der Bevölkerung bekennen sich zu ihm, in Nordirland dagegen beträgt der Anteil der Katholiken nur 40 Prozent.

HEIDNISCHES GEDANKENGUT

Ausgerechnet den christlichen Mönchen ist es zu verdanken, dass auch der Geisterglaube für die Nachwelt bewahrt wurde, indem sie als Erste alte Sagen auf ihren Schriftrollen niederschrieben. Die Kirche tolerierte damals erstaunlicherweise die Vorstellungen über die in Hügeln wohnenden Sidhe (Feen) und die Leprechauns – unter Weißdornbüschen hausende Wichte. Ein schwarzes Tier, Pooka genannt, steht bis heute im Ruf, Wanderer in Angst und Schrecken zu versetzen.

Eine erste Besiedlungsspur datierten Forscher auf die Zeit um 10 500 vor Christus. Bei ihr handelt es sich um einen vom Menschen bearbeiteten Bärenknochen, den man 1903 in einer Höhle im County Clare fand und der viele Jahrzehnte unbemerkt in einem Archiv verstaubte. Lange Zeit hatte man angenommen, dass die ersten Siedler um 6600 vor Christus über die damals noch vorhandene Landbrücke aus Schottland kamen und sich in der Gegend um das heutige Derry/Londonderry niederließen. Ihr Speiseplan bestand hauptsächlich aus Fisch und Wild. Ungefähr 2000 Jahre später gelangte

Riesiges Boyle Monument in Dublins St Patrick's Cathedral

Patchwork-Felder im Innern der Dingle-Halbinsel

der Ackerbau auf die Insel, Steinäxte tauchten erstmals auf und Hügel- und Ganggräber entstanden. Zirka 1750 vor Christus stieß man auf Bodenschätze, darunter Gold, Silber und Kupfer. In der Folge blühte 1250 Jahre lang die Metallverarbeitung. In ganz Europa berühmt war damals der in Mondsichelform gefertigte irische Halsschmuck.

Verwittertes Kreuz am Lough Gartan (Glenveagh NP)

WICKIE UND SEINE MANNEN

Rund 400 vor Christus übernahmen die Kelten die Herrschaft für fast 800 Jahre. Sie begannen Ringfestungen zu bauen, um das Land und ihre Macht zu sichern. Ab 795 stürmten die Wikinger die irischen Küsten. 840 errichteten die raubeinigen »Nordmänner« erste Hafensiedlungen, die sie bevorzugt in Flussmündungen platzierten. Bekannte Beispiele für solche Gründungen sind die Städte Waterford und Wexford im Südosten. Die Wikinger fuhren mit ihren Booten die Flüsse hinauf und plünderten alles, was ihnen wertvoll erschien. Besonders die Klöster waren Ziel ihrer Raubzüge. Mit der Zeit wurden die Bösewichte zahmer, nahmen den christlichen Glauben an und halfen den Iren, den Schiffsbau und den Handel zu verbessern. Im Jahr 1014 unterlagen jedoch die Einwanderer aus Skandinavien in der Schlacht von Clontarf dem Heer von Brian Boru, was das Ende ihrer Ära in Irland bedeutete.

Die Normannen hatten 1066 unter Wilhelm dem Eroberer England in Besitz genommen. Gut 100 Jahre später starteten sie von Wales aus einen Angriff auf Irland. Die

Wildes Wasser – am Aussichtspunkt Derryinver Bridge (Connemara)

mit Äxten und Steinschleudern bewaffneten Iren konnten den Kettenhemden und Eisenhelme tragenden Normannen überhaupt nichts entgegensetzen. Bis 1250 hatten diese Dreiviertel der Insel erobert. Sie errichteten Siedlungen, Festungen, Kirchen und Klöster. 1348 wütete die Pest in den Städten und forderte besonders viele Opfer unter der englischen und normannischen Bevölkerung. In den Blickpunkt des politischen Geschehens rückte Irland erst wieder 1536, als den Fürsten, die sich dem Herrschaftsdrang der Engländer fügten, große Geschenke wie Ländereien zugesagt wurden. Fünf Jahre später ließ sich Heinrich VIII. zum König von Irland ausrufen.

DRAMATISCHER NIEDERGANG

Danach versuchten die Iren mehrfach erfolglos, sich mit militärischen Mitteln von der Herrschaft Englands zu lösen. Nach der verlorenen Entscheidungsschlacht bei Kinsale im Jahr 1607 kehrten die Anführer der Aufständischen für immer der Insel den Rücken. Die »Flucht der Grafen« gilt seit damals nicht nur als Eingeständnis der Niederlage, sondern auch als Sinnbild dafür, dass es besser ist, zu fliehen, als in Knechtschaft zu leben. Es folgte die englische Praktik, große Ländereien nur an die eigenen Landsleute zu verkaufen. Die neuen Besitzer blieben meist im Mutterland und bestellten Verwalter, die unverschämt hohe Pachten und Zinsen von den irischen Bauern einforderten. Dieses Vorgehen führte dazu, dass Irland nach und nach zu einem der Armenhäuser Europas wurde. Oliver Cromwells Truppen zwangen 1653 die irischen Rebellen zur Aufgabe und völligen Unterwerfung.

Der Vertrag von Limerick, der Lockerungen schaffen sollte, scheiterte, da er durch das englische Parlament nicht ratifiziert wurde. Stattdessen traten 1695 die »Penal Laws« der Gegenseite in Kraft, die den Katholiken eigene Schulen und Universitäten, das Wahlrecht und vieles mehr vorenthielten. Manche Traditionen lebten aber im Untergrund weiter, was in keiner Weise am irischen Nationalbewusstsein kratzte, sondern es stärkte. Die Wirtschaft lag indes danieder, der Anteil am Grundbesitz näherte sich langsam gegen null, zwei Hungerwinter (1740/1741) brachten 400 000 Menschen den Tod, 150 000 Iren

Gagagagack: Landleben pur im Ulster American Folk Park

emigrierten. Weitere Versuche, den Niedergang aufzuhalten, scheiterten kläglich. Mit dem »Act of Union« 1801 schien der Anschluss an das Vereinigte Königreich endgültig besiegelt.

EIN ERSTER HOFFNUNGSSCHIMMER

Einige Jahre später, im Jahr 1823, gründete der Widerstandskämpfer Daniel O'Connell die Catholic Association und rief die Iren mit Erfolg zu gewaltfreien Massenprotesten auf. England knickte mit der Zeit tatsächlich ein und hob 1829 die gegen die Katholiken gerichteten Gesetze wieder auf. Daniel O'Connell erhielt als erster Katholik einen Abgeordnetensitz im englischen Parlament. Auch die lebhafte Kunst- und Kulturszene gab dem irischen Nationalbewusstsein weiteren Auftrieb. Doch diese positiven Entwicklungen reichten nicht aus, um das Leben der verarmten Bevölkerung auf dem Land, welche die Mehrheit der Iren darstellte, auch nur im Ansatz zu verbessern.

Mitte des 19. Jahrhunderts wurde alles noch schlimmer: Zwar litten viele weitere Länder in Europa unter der aus Nordamerika eingeschleppten Kartoffelpest, aber aufgrund der höheren Feuchtigkeit in Irland waren die Folgen für die Bauern besonders verheerend, denn mehrere Jahre hintereinander verfaulte ihre gesamte Kartoffelernte, was zwischen 1845 und 1849 zu einer bis dahin nie für möglich gehaltenen Hungerkatastrophe führte. Der »Great Famine« (irisch »An Gorta Mór«), der »Große Hunger«, veranlasste mehr als eine Million Menschen, dem Land Lebewohl zu sagen – mindestens ebenso viele verhungerten. Eine Mitschuld trugen die englischen Großgrundbesitzer, denn sie hatten zuvor die irischen Pächter vom Osten mit seinen fruchtbaren Böden in den Westen mit wenig ertragreichem Ackerland vertrieben. Zudem verwandelten sie die Felder in Viehweiden. Die Tiere wiederum verkauften sie fast ausschließlich ins Ausland.

GEWALTLOSER WIDERSTAND

Das europäische Revolutionsjahr 1848 läutete allmählich auch das Ende des Zeitalters der Grundherren ein. Das Wort Boykott wurde geboren, als ein englischer Verwalter mit Namen Boycott einen überhöhten Pachtzins

St John The Baptist, Halbinsel Rosguill

eintreiben wollte und die Pächter daraufhin ihre Arbeit komplett einstellten und kein Wort mehr mit ihm sprachen. 1869 wurden die diskriminierenden Gesetze gegen die Katholiken wieder abgeschafft. Der Ruf nach Selbstständigkeit wurde wieder lauter und führte 1870 zur Gründung der »Home Rule«-Bewegung. Deren Anführer Charles Stewart Parnell – er war Chef der irischen Parlamentspartei – gelang es im Londoner Parlament, weitreichende Reformen in seinem Heimatland zu erwirken. Die Provinz Ulster lehnte diese allerdings kategorisch ab und wollte sich unter keinen Umständen vom Vereinigten Königreich lösen. Die Karriere des Hoffnungsträgers endete jäh, als sein langjähriges Liebesverhältnis mit der Frau eines Parteikollegen öffentlich wurde. Auf ihn folgten Radikale, die sich auf vorhersehbar langwierige Gespräche erst gar nicht einließen.

Dennoch schien 1914 die Unabhängigkeit mit der geplanten Verabschiedung der drei Home-Rule-Gesetze zum Greifen nah, wenn auch der Nordosten sich wieder vehement dagegenstemmte. Wenig später, mit dem Ausbruch des Ersten Weltkriegs, wurden die Gesetze sowieso ausgesetzt. Die Bestrebungen nach Selbstbestimmung kamen ebenfalls vorübergehend zum Erliegen. Gleichzeitig aber begann die Loslösung Nordirlands, indem dort viele Freiwillige in die britische Armee eintraten. Der Osteraufstand 1916 wurde zwar von den Briten niedergeschlagen, dennoch gilt er als der Anfang vom Ende der britischen Vorherrschaft – auch weil die hingerichteten Führer des Aufstands posthum als Helden gefeiert wurden. Nach dem Sieg der Partei Sinn Féin bei den Wahlen 1918 lehnten es die Mandatsträger ab, ihre Arbeit in Westminster aufzunehmen. Stattdessen luden sie zu einer irischen Nationalversammlung nach Dublin ein. Dieser Affront löste einen Bürgerkrieg aus. Da ein Sieg wenig aussichtsreich erschien, lenkten die Engländer aber ein und gründeten 1921 sowohl in Dublin als auch in Belfast ein Parlament. Ein Vertrag machte Irland zum Freistaat.

ALLES GUT? – ZUMINDEST ZUNÄCHST

Viele Jahrzehnte lenkte Éamon de Valera (1882–1975) den politischen Kurs der jungen

Fish & Chips-Lokal in Dingle

Republik – mal als Premierminister, mal als Staatspräsident. Er hatte 1926 die Partei Fianna Fáil ins Leben gerufen. Die Verfassung von 1937, die er maßgeblich mitgestaltete, machte Irland zunächst nur auf dem Papier zur Republik. Der Zweite Weltkrieg verhinderte die Umsetzung. Irland verhielt sich im Krieg neutral, Belfast schlug sich auf die Seite der Alliierten. Das Land nahm 1949 mit der Ausrufung der Republik und dem Austritt aus dem Commonwealth die letzten Hürden auf dem Weg zur Unabhängigkeit.

Im Nordirland-Konflikt, kurz »The Troubles« genannt, starben zwischen 1968 und 2001 genau 3526 Menschen – mehr als die Hälfte davon waren Zivilisten. 2010 bat der damalige britische Premierminister David Cameron um Verzeihung für die auslösenden, völlig ungerechtfertigten Todesschüsse britischer Fallschirmjäger am »Bloody Sunday« 1972 in Derry/Londonderry. Die meisten Iren nahmen die Entschuldigung gerührt an. Mit der Präsidentin Mary Robinson zog ab 1990 ein neuer, frischer Politikstil ins irische Parlament ein. Sie engagierte sich sehr im Sozialbereich und forcierte ebenfalls die Friedensbemühungen mit Nordirland. Seit 1997 waren auch der irische Regierungschef Bertie Ahern und der britische Premier Tony Blair an der Lösung des Konflikts beteiligt. Entspannung brachten vor allem die Verfassungsänderung von 1999, worin der Anspruch auf Nordirland aufgegeben und das Karfreitagsabkommen vom Vorjahr umgesetzt wurde.

HERZHAFT UND GESUND

Die Jahre des späteren wirtschaftlichen Aufschwungs führten auch zu einschneidenden Veränderungen in den kulinarischen Vorlieben der Iren. Plötzlich konnte man es sich finanziell leisten, Gerichte im Restaurant auszuprobieren, die aus hochwertigen saisonalen Produkten der Region zubereitet wurden. So konnte sich neben der traditionellen – mit herzhaften Klassikern wie Irish Stew – eine junge, ideenreiche Küche etablieren. Die Iren entdeckten ihre Leidenschaft für gutes Essen, besuchten Kochschulen – ein Trend, der trotz noch nicht überwundener Krise unvermindert anhält. Auch in den Läden und auf Märkten kann man immer häufiger Natur- und Biolebensmittel kaufen, genauso wie Fleisch von artgerecht gehaltenen Tieren

Netzwerk:
Reusen im Hafen Mullaghmore

und Fisch aus nachhaltigem Fang. Noch ein Wort zur berühmten irischen Butter: Was begründet ihren Erfolg? Es ist das saftig grüne Weidegras, das die Kühe ausschließlich zu fressen bekommen – und nicht Futtermais, wie auf dem Kontinent sonst oft üblich. Es enthält mehr Carotin, was sich in der Gelbfärbung der Butter zeigt. Die Fette, die aus den Gräsern stammen, haben zudem eine cremigere Konsistenz.

Zur klassischen Küche zählen zum Beispiel Lamm, Rind, Wildlachs oder Austern. Unverzichtbar erscheint der Black Pudding, der an Westfälische Brotwurst erinnert. Er und eine Scheibe Potato bread (frittierter Kartoffelkuchen), Spiegel- oder Rührei, gebratener Bauchspeck, Würstchen, Porridge, Bohnen und Grilltomate bilden die Hauptzutaten des üppigen herzhaften irischen Frühstücks – Toast, Butter und Konfitüre sind nur süßes Beiwerk. Um 11 Uhr in einem Pub eingenommen, kann man danach gut auf den Lunch verzichten. Dass es bei nahezu gleicher Zusammensetzung etliche Irish-Breakfast-Variationen gibt, zeigt schon bei der Fährüberfahrt ein Blick auf die ellenlange Aushängetafel im Bordrestaurant.

Zur Mittagszeit zum Lunch bieten viele Restaurants manche Gerichte preiswerter als am Abend an. Auch besteht das Abendessen (Dinner) in der Regel aus mehreren Gängen. Wer weniger ausgeben möchte, speist bereits zwischen 17 und 19 Uhr und wählt eines der häufig angebotenen »Early Bird Menues«. Nicht jedes Restaurant besitzt eine »Full License« und darf zur Ausschankzeit alle alkoholischen Getränke servieren, manche verfügen nur über eine »Wine License«. Alkohol in der Öffentlichkeit zu konsumieren ist streng untersagt und wird besonders in Nordirland mit hohen Bußgeldern bestraft. Normalerweise rundet man den Rechnungsbetrag nach dem Essen großzügig auf. Bei Zahlung mit Kreditkarte sollte man an den gesonderten »Tip« in bar für die Bedienung denken.

In Pubs zu speisen stellt – abgesehen von der Selbstversorgung – sehr oft die kostengünstigste Variante der Nahrungsaufnahme dar. Die Lebensmittelpreise in den Supermärkten sind sicherlich höher als in Deutschland, erreichen aber nicht das hohe Niveau der großen Nachbarinsel. Darüber hinaus trifft man in der gesamten Republik auf

Etappenstopp im Hafen in Portmagee

Filialen der beiden bekanntesten deutschen Discounter. »More for You« lautet ein frei übersetzter Werbe-Slogan. Die großen Tankstellen führen in der Regel ein umfangreiches Warensortiment und verfügen über einen Pizza-Imbiss und ein Selbstbedienungs-Café. Für uns ungewohnt: Auf dem Parkplatz neben den Zapfsäulen sind manchmal Münzwaschmaschinen installiert.

KEINE KULINARISCHE OFFENBARUNG

Kaum ein Urlauber dürfte Irland wieder verlassen, ohne Fish 'n' Chips, das typische Essen aus der Papiertüte, wenigstens einmal gekostet zu haben. Die Chips haben wenig mit Kartoffelchips gemein – sie gleichen eher grob geschnittenen Pommes frites. Wer echte Pommes essen möchte, muss »Fries« bestellen. Der panierte oder mit Teig ummantelte Fisch kann verschiedener Art sein; es besteht aber seit 2003 eine Kennzeichnungspflicht. Ordert man das Gericht mit »salt and vinegar«, bekommt man es oft stark gesalzen und in einen halben Liter Essig getränkt serviert. Das Essen stammt ursprünglich aus Nordengland. Die erste Fish-&-Chips-Bude auf der Insel eröffneten übrigens im Jahr 1885 in Dublin die aus Italien eingewanderten Eheleute Palma und Giuseppe Cervi.

In der Republik Irland flattert an 74 Stränden und zwei Jachthäfen (Kilmore Quay, County Wexford, Killinure Point, County Westmeath) die Blaue Flagge, in Nordirland sind acht Strände im Osten von Derry/Londonderry mit ihr gekennzeichnet. Das EU-weit verliehene Gütezeichen für gute Wasserqualität bedingt auch das Vorhandensein öffentlicher Toiletten.

UND WIEDER ST PATRICK

Im Sommerhalbjahr bietet Irland eine Vielzahl an Festen und Feiertagen, die auch viele Gäste aus dem Ausland anlocken. Den Anfang macht – noch vor dem Beginn der Reisesaison – der St Patricks Day am 17. März, der weltweit mit großen (grünen) Paraden gefeiert wird – überall dort, wo in größerer Zahl Iren leben. Am Reek Sunday im Juli brechen die Pilger zu Abertausenden zum Gipfel des Croagh Patrick auf, dem heiligen Berg Irlands. Auch im Rest des Landes begeht

man vielerorts Feste zu Ehren des Patrons. Die nordirischen Protestanten erinnern am Orangemen's Day am 12. Juli an den Sieg Wilhelms III. von Oranien über die katholischen Truppen Jakobs II. in der Boyne-Schlacht.

Schriftsteller- und Opernfestivals sowie vielerlei Sport-Events bilden weitere Höhepunkte im Jahresveranstaltungskalender der Iren. Die Endspiele in Hurling und Gaelic Football finden stets im September im Croke Park Stadium in Dublin vor mehreren Zehntausend jubelnden Fans statt. Äußerst beliebt im Land sind auch die Mittelalterbankette, regelmäßig veranstaltet zum Beispiel im Dungaire Castle (County Galway), und Food-Festivals, darunter die Austern-Festivals in Galway und im nordirischen Hillsborough – beide ebenfalls im September.

Nichts für Weicheier

Neben Wassersport, Wandern und Radfahren bietet Irland eine Vielzahl weiterer sportlicher Aktivitäten, angefangen beim Bergsteigen über Küstenklettern (Coasteering) bis zu Riverwalking. Das Baden im Atlantik stellt selbst im Hochsommer nur für extrem abgehärtete Naturen einen Genuss dar, zudem sollte man sich unbedingt vorher über mögliche gefährliche Strömungen informieren. Hallenbäder sind zwar mancherorts vorhanden, sie entsprechen aber häufig nicht den neuesten Standards. Für Surfer sind große Teile der West- und Nordküste geradezu prädestiniert. Die beliebtesten Plätze sind Bloody Foreland, Bundoran, Dungloe und Rossnowlagh in Donegal. Als angesagte

Offshore Surf School am megagroßen Inch Strand (Kerry)

Hart am Wind – am Strand von Mannix Point Camping

Neues International Outdoor Adventure Centre in Tagoat

Surfspots in Sligo gelten: Aughris, Easkey, Enniscrone und Strandhill. Populär ist auch das Surfen auf Achill Island. In Lahinch in der Grafschaft Clare ist wegen des Überangebots ein Preiskampf zwischen den Brettverleihern beziehungsweise Surfschulen entfacht. Tramore im Süden ist als Basis ebenfalls sehr begehrt.

Irland verfügt über ein gutes Netz an Rund- und Fernwanderwegen. Doch das vermeintliche Wanderparadies weist auch ein paar Einschränkungen auf – hervorgerufen durch Landbesitzer, die auf ihr angebliches Wegerecht pochen und eine Überquerung ihres Grundstücks verbieten. Manchmal gibt es nachvollziehbare Gründe, etwa wenn besonders aggressive oder unberechenbare Tiere auf der Weide ihre Jungen schützen wollen und dadurch eine Gefahr für die Wanderer besteht. In den meisten Fällen stecken aber Versicherungsschutzgründe dahinter, dass der ein oder andere Weg für die Öffentlichkeit gesperrt ist. Die Haltung der Farmer beruht aber auch auf jenen Wanderern, die in der Vergangenheit ihren Müll auf den Wiesen hinterließen oder die Viehgatter nicht wieder richtig verschlossen hatten.

KRAXLER UND KLETTERMAXEN

Radfahren in Irland birgt erhöhte Risiken, da auf dem Land nur selten sichere Radwege existieren. Bergsteiger finden reichlich gutes Terrain vor. Ausführliche Informationen dazu liefert die Website des nationalen Bergsteigerdachverbandes (www.mountaineering.ie). Küstenklettern setzt sehr gute Ortskenntnisse voraus und sollte deshalb immer in der Gruppe und unter fachlicher Aufsicht erfolgen (www.achilloutdoor.com). Eine ähnlich anspruchsvolle Sportart ist Riverwalking, bei der die Herausforderung darin besteht, auf dem Grund eines Flusses oder Baches zu wandern. Schutzanzüge, Schwimmwesten und Helme gehören zur Grundausrüstung. Bei schluchtenartigen Flüssen spricht man auch von Canyoning, ein Begriff, der in Kontinentaleuropa über alle Schwierigkeitsstufen hinweg Verwendung findet. Veranstalter sind zum Beispiel Gartan Outdoor Education Centre im County Donegal oder Delphi Adventure Centre im County Galway (www.gartan.com; www.delphimountainresort.com).

Kinder sind überall im Land gern gesehene Gäste. Die irische Küste etwa mit ihren teils ausgedehnten flachen Stränden präsentiert sich als riesiger Abenteuerspielplatz. Auf Rad- und Kajaktouren können sie sich fast überall so richtig ausleben. Ein Novum ist das International Outdoor Adventure Centre (IOAC) – Campsite bei Wexford, ein Spiel- und Sportzentrum in Verbindung mit einem klassischen Campingplatz. Das Angebot umfasst zum Beispiel Kletterkurse. Hohe Rabatte erhalten die jungen Gäste im öffentlichen Nahverkehr, beim Eintritt in Galerien, Museen und (zoologische) Gärten.

KINDER – HEUTE WIRD'S WAS GEBEN

Die meisten Kids haben Spaß daran, sich in historische Kostüme zu kleiden. Gelegenheit dazu geben etwa der nordirische Ulster American Folk Park oder der Irish National Heritage Park in der Nähe von Wexford. Eine Mischung aus Zoo und Abenteuerland stellt der Tayto Park im Großraum Dublin dar. Attraktionen sind beispielsweise eine Büffelherde, die größte Holzachterbahn in Europa und eine gewaltige Wikinger-Wasserbahn. Ausstellungszentren, die auch Kinder begeistern, sind unter anderem das Museum Dublinia in Dublin mit Mittelalterspielen, Dublins Kindermuseum Imaginosity für die bis zu Neunjährigen – und das Titanic Belfast mit der obligatorischen Gondelfahrt-Tour durch die imaginären Werfthallen. In Irlands Nationalaquarium Atlantaquaria in Galway dürfen die Kleinen »Fische« streicheln und bei den Fütterungen (dreimal täglich) zusehen.

Beliebte Mitbringsel von der Grünen Insel sind neben Whiskey und Guinness-Fanartikeln unter anderem Räucherlachs, die Erzeugnisse von Kunsthandwerkern, handgestrickte Pullover aus Schafswolle und vieles mehr. Bei der Herstellung zuschauen kann man etwa im Kilkenny Design Centre (www.kilkennydesign.com). Ein international bekannter Töpfer mit großem Schauatelier ist Louis Mulcahy auf der Halbinsel Dingle. Er verbindet die traditionelle mit moderner Formensprache (www.louismulcahy.com). Feine Spitzen, Musikinstrumente oder Porzellan aus der Manufaktur Belleek zählen zur Klasse der exklusiven Geschenke.

SPRACHE

Mit Englisch kann sich der Reisemobilist in Irland überall verständigen. Schwierig wird es, wenn er auf Wörter stößt, die aus dem Gälischen stammen.

Das gälische Alphabet hat einige Buchstaben weniger als das lateinische; es fehlen k, v, w, x, y und z. Bei anderen Buchstaben bestehen Unterschiede in der Schreibweise. Steht ein Akzent auf einem Buchstaben, so wird dieser lang gesprochen. Darüber hinaus gelten u. a. folgende Ausspracheregeln:

bh ausgesprochen wie v
bhf ausgesprochen wie w
c immer als k gesprochen
ch wird wie im Deutschen gesprochen
d vor einem dunklen Vokal als d gesprochen, vor einem hellen Vokal eher als dsch
mh ausgesprochen wie w
s vor einem dunklen Vokal normal ausgesprochen, vor einem hellen Vokal und am Ende eines Wortes als sch
t vor einem dunklen Vokal normal ausgesprochen, vor einem hellen Vokal als tsch
th kann als t oder h gesprochen werden, je nach Wort – am Ende eines Wortes wird es jedoch nicht ausgesprochen.

Im Guinness Storehouse erfährt man alles rund ums edle Gebräu.

KLEINES WÖRTERBUCH

IRISCH FÜR TOURISTEN

Die folgende Aufstellung von Vokabeln und Redewendungen ist in der Reihenfolge Deutsch – Englisch – Irisch (ungefähre Aussprache) bzw. Englisch – Irisch – Deutsch gehalten. Eine irische Aussprache ist nicht angegeben, da ein Gespräch auf Irisch auf der Basis dieses sehr kurzen Sprachführers keinen Sinn ergibt und hier für Touristen immer die englische Sprache zu bevorzugen ist.

Eine Anmerkung: Auch wenn »tá« und »nil« als »ja« bzw. »nein« aufgeführt werden, gibt es diese deutliche Bestätigung oder Ablehnung im Irischen nicht.

ELEMENTARES

Danke!	Thank you!	Go raibh maith agat!
Bitte *(als Nachfrage)*	Sorry?	Ni thuigim?
Bitte *(als Aufforderung)*	Please!	Le do thoil!
Entschuldigung!	I'm sorry!	Gabh mo leithscéal!
ja	yes	tá
nein	no	nil

BEGRÜSSUNG, VERABSCHIEDUNG, WÜNSCHE

Hallo!	Hello! Hi!	Dia duit!
Wie geht's?	How are you?	Conas atá tú?
Wie heißen Sie?	What's your name?	Cad es ainm duit?
Auf Wiedersehen!	Goodbye!	Slán leat!
Tschüss!	Bye! See you!	Slán!
Prost!	Your health! Cheers!	Sláinte!

HINWEISSCHILDER

Entrance	Isteach	Eingang
Exit	Amach	Ausgang
Information	Eolaís	Information
Open	Oscailte	Offen
Closed	Dúnta	Geschlossen
Not in Use/ Out of Service	As seirbis	Nicht in Benutzung
City Centre	An Lar	Stadtzentrum
Police *(in Nordirland)*	Garda	Polizei

ZAHLEN

eins	one	aon
zwei	two	dó
drei	three	trí
vier	four	ceathaír
fünf	five	cúig
sechs	six	sé
sieben	seven	seacht
acht	eight	ocht
neun	nine	naoi
zehn	ten	deich
elf	eleven	aon déag
zwölf	twelve	dó déag
zwanzig	twenty	fiche

Eine Vielzahl von Wörtern und geografischen Eigennamen sowie Hinweise zur Grammatik der irischen Sprache bietet ein englisch-irisches Wörterbuch (engl.: »dictionary«, irisch: »foclóir«).
Englisch-Sprachkurse werden das ganze Jahr über angeboten. Eine Übersicht staatlich anerkannter Sprachschulen führt Tourism Ireland. 69 Sprachschulen mit insgesamt 120 Einrichtungen sind im Verband MEI-REISA (www.mei.ie) organisiert. Man kann auch Gälisch/Irisch oder »Ulster-Schottisch« erlernen.

MIT ENGLISCH GUT UNTERWEGS

DAS WICHTIGSTE

vielleicht	perhaps
Wie bitte?	Pardon?
Ich verstehe Sie/ dich nicht.	I don't understand you.
Ich spreche nur wenig ...	I only speak a bit of ...
Können Sie mir bitte helfen?	Can you help me, please?
Gern geschehen!	You're welcome!
Ich möchte ...	I'd like ...
Das gefällt mir (nicht).	I (don't) like this.
Haben Sie ...?	Do you have ...?
Wie viel kostet es?	How much is it?
Wie viel Uhr ist es?	What time is it?
Auf welche Art kann ich bezahlen?	How can I pay?

Die Karte bitte! Tigh Pub in Ballydavid bei Dingle

KENNENLERNEN

Guten Morgen!	Good morning!
Guten Tag!	Good afternoon!
Guten Abend!	Good evening!
Hallo/Grüß dich!	Hello/Hi!
Mein Name ist ...	My name is ...
Wie ist Ihr/dein Name?	What's your name?
Wie geht es Ihnen/dir?	How are you?
Danke, gut. Und Ihnen/dir?	Fine, thanks. And you?
Auf Wiedersehen!	Goodbye/Bye-bye!
Tschüss!	See you!

AUSKUNFT UNTERWEGS

links/rechts	left/right
geradeaus	straight ahead
nah/weit	near/far
Bitte, wo ist ...?	Excuse me, where's ..., please?
... der Bahnhof	... the train station
... die Bushaltestelle	... the bus stop
... der Hafen	... the harbour
... der Flughafen	... the airport
Wie weit ist das?	How far is it?
Ich möchte ... mieten.	I'd like to hire ...
... ein Auto	... a car
... ein Fahrrad	... a bike/bicycle

PANNE

Ich habe eine Panne.	My car has broken down.
Würden Sie mir bitte einen Abschleppwagen schicken?	Would you send a breakdown lorry, please?
Gibt es hier in der Nähe eine Werkstatt?	Is there a service garage nearby?

TANKSTELLE

Wo ist die nächste Tankstelle?	Where is the nearest petrol station?
Ich brauche ...	I need ...
... Liter	... litres of ...
... Super	... four-star
... Diesel	... diesel
Volltanken, bitte.	Full, please.

UNFALL

Hilfe!	Help!
Achtung!	Attention!
Rufen Sie bitte ...	Please call ...
... einen Krankenwagen	... an ambulance
... die Polizei	... the police
Es war meine/Ihre Schuld.	It was my/your fault.
Geben Sie mir bitte Ihren Namen und Ihre Anschrift.	Please give me your name and address.

ESSEN

Auf Ihr Wohl!	Cheers!
Bezahlen, bitte!	May I have the bill, please?
Wo gibt es hier ...	Is there ... here?
... ein gutes Restaurant?	... a good restaurant?
... ein typisches Restaurant?	... a restaurant with local specialities?
Gibt es hier eine gemütliche Kneipe?	Is there a nice pub here?
Reservieren Sie uns bitte für heute Abend einen Tisch.	Would you reserve us a table for this evening, please?

EINKAUFEN

Wo finde ich eine/ein ...?	Where can I find a ...?
Apotheke	chemist's/pharmacy
Bäckerei	bakery
Kaufhaus	department store
Lebensmittelgeschäft	grocery store
Markt	market

ÜBERNACHTUNG

Können Sie mir ... empfehlen?	Could you recommend ...?
Haben Sie noch ...	Do you have ...
... einen Stellplatz	... a pitch
... einen Stellplatz mit Stromanschluss	... a pitch including the use of electricity
Wo ist die Ver- und Entsorgung?	Where are supply and disposal?

ARZT

Ich brauche einen Arzt/Zahnarzt.	I need a doctor/dentist.
Ich habe hier Schmerzen.	I've got pain here.

BANK/POST

Wo ist hier bitte eine Bank?	Where's the nearest bank, please?
Wo ist hier bitte die Post?	Where's the nearest post office, please?

TOILETTENSUCHE

Erklärungsbedürftig ist die Beschriftung mancher Toiletten. Denn selbst in Gegenden, in denen man vorwiegend Englisch spricht, folgt sie dem Irischen beziehungsweise Gälischen. »Mná« bedeutet Damen, »Fir« Herren, abgekürzt mit »M« und »F« (was nicht für »male«, männlich und »female« für weiblich steht!). Die englische Bezeichnungen lauten »Ladies« (Damen) und »Gents«(Herren). Überwiegend erleichtern aber ohnehin Piktogramme die Orientierung. Notfalls hilft das Fragen, auf Irisch »Cá bhfuil an leithreas?« und auf Englisch die Erkundigung nach dem »restroom« (Toilette), »lavatory« (Waschraum, Toilette) bzw. »toilet«; auch das gälische »jacks« (Toiletten) findet man verbreitet.

REISE UND UNTERKUNFT

Autofähre	car ferry
Parzelle	plot
Campingplatz	campsite
Wasseranschluss	mains water supply
Stromanschluss	power connection
Dusche warm/kalt	Shower hot/cold
Sanitärgebäude	sanitary facilities
Rechnung	invoice
Gasflasche	gas bottle

Geschmückte Gasse
Dame Lane am Stag's Head, dem berühmten Dubliner Pub

Weiter Blick über die Tralee Bay mit ihren langen Sandstränden

» DIE ROUTEN

1 CHARMANTE HAUPTSTADT DER REPUBLIK – UND TOR IN DEN SÜDEN

Von Dublin über die Wicklow Mountains zu den beliebten Badestränden der Iren

Reisende, die Dublin nur als Etappe auf dem Weg zur Grünen Insel betrachten, lassen sich einiges entgehen. Irlands Hauptstadt präsentiert sich als aufstrebender Wirtschaftsstandort, wo Gastlichkeit und Lebensfreude nach wie vor einen hohen Stellenwert einnehmen. Die vielseitige Metropole besitzt ein reiches Kulturerbe und eine lange Geschichte, geprägt von einem ständigen Auf und Ab. Georgianische Backsteinbauten und futuristisch gestylte Objekte wie die Samuel Beckett Bridge sind kein Widerspruch, sondern ergänzen sich. Die Südostecke des Landes umfasst unter anderem die Grafschaften Wicklow, Wexford und Waterford – bekannt für ihre reizvollen Berge und Gärten, roten Klippen und sandigen Küsten.

Prunkvoll: ehemaliges Zollhaus am Liffey-Ufer

Dublins Zentrum ist überschaubar: Man kann es gut zu Fuß und mit der modernen LUAS-Straßenbahn erkunden. Als nützliche Orientierungshilfe dient dabei die schwarzbraune Liffey; der Fluss teilt die Stadt in eine Nord- und eine Südhälfte. Seine dunklen Fluten erinnern nebenbei bemerkt an das berühmte Guinness, welches, wie man sagt, viel besser als andere Biere schmecke, da mit Liffey-Wasser gebraut. Die meisten Sehenswürdigkeiten, wie Dublin Castle oder Saint Patrick's Cathedral, liegen nah beieinander am rechten Ufer – darüber später mehr. Die besten Shopping-Adressen befinden sich in der lebhaften Fußgängereinkaufsmeile **Grafton Street** und dem eleganten Powerscourt Centre eine Straße weiter. Abends strömen viele Vergnügungswillige in das nördlich angrenzende **Temple Bar**, ein von jungen Architekten entworfenes Kneipen- und Künstlerviertel. Sein Herz schlägt am Meeting House Square. Diesen Platz säumen Fotogalerien, Musik- und Filmzentren; auch findet dort jeden Samstagmorgen ein bunter Markt statt.

Am Eden Quay am linken Ufer ist das hochgelobte **Abbey Theatre** beheimatet, das 1904 gegründete und anfänglich von Bühnenskandalen begleitete irische Nationaltheater. In nächster Nähe erstreckt sich das **Custom House**, das ehemalige Zollhaus. Der Erbauer des palastartigen Gebäudes war der englische Architekt James Gandon (1743–

Blumenstand in der Grafton Street

ROUTE 1

START- UND ENDPUNKT
Dublin und Tramore

STRECKENLÄNGE
213 Kilometer

FAHRZEIT
4 bis 6 Tage

In (Harfen-)Form: Samuel Beckett Bridge

1823). Zwar brannte es 1921 im Unabhängigkeitskrieg nieder, doch große Teile konnten nach Originalplänen wieder errichtet werden. Wenn auch keine Führungen mehr stattfinden, so lohnt sich dennoch am Abend der Blick von der anderen Wasserseite auf die festlich angestrahlten Fassaden. Nebenan gewährt das **EPIC**, The Irish Emigration Museum, mithilfe digitaler Medien einen Einblick in das Leben der irischen Auswanderer.

ALT NEBEN NEU

Von den zahlreichen Brücken sind etwa die repräsentative O'Connell Bridge, ebenfalls von Gandon erbaut, oder die gusseiserne Fußgängerbrücke Ha'penny Bridge hervorzuheben. Deren volkstümlicher Name – sie heißt offiziell Liffey Bridge – stammt noch aus der Zeit nach deren Fertigstellung zu Beginn des 19. Jahrhunderts, als man für die Überquerung einen Wegezoll in Höhe von einem halben Penny entrichten musste. Größter Hingucker freilich: die 2003 fertiggestellte **Samuel Beckett Bridge** – in Form einer Harfe, dem Nationalsymbol Irlands. Die drehbare Schrägseilbrücke entwarf der spanische Architekt und Bauingenieur Santiago Calatrava.

Nordöstlich der Grafton Street breitet sich das **Trinity College** aus, dessen Campus mit seinen weiten Rasenflächen und kopfsteingepflasterten Innenhöfen für jedermann

Start
Dublin
Trinity College, Dublin Castle, National Gallery, National Museum, Guinness Storehouse, N11
St. Patrick's Cathedral, M11
Powerscourt R767
Town House, Pubs, M11
Bucht von Killiney R117
28 km
Powerscourt Estate

SPECIAL

STADTFÜHRUNG DER ANDEREN ART

Am Stadtpark Saint Stephen's Green starten die gelben offenen Amphibienbusse des Veranstalters »Viking Splash Tours« zu einer Vergnügungsfahrt, die von lautstarken Rufen begleitet quer durchs Zentrum führt – vorbei an den wichtigsten Sehenswürdigkeiten. Zuvor müssen sich die Gäste in schräge Wikingerkostüme kleiden. Unterwegs erhalten sie eine gute Einführung in Dublins Geschichte aus Sicht des wilden Seefahrervolks. Aussteigen ist nicht vorgesehen. Ein Höhepunkt ist das Grand Canal Dock, wo die Fahrzeuge circa eine Viertelstunde auf dem Wasser herumkurven. Der Spaß endet nach 75 Minuten wieder am Green (www.vikingsplash.ie).

The Irish Emigration Museum

zugänglich ist. Königin Elisabeth I. gründete die Hochschule 1592. Diese war in den ersten 200 Jahren ausschließlich protestantischen Studenten vorbehalten – und es dauerte nochmals fast acht Jahrzehnte, bis auch Katholiken akademische Grade erwerben konnten. Berühmte Absolventen waren unter anderem Jonathan Swift und Oscar Wilde. Fortschrittlich zeigte sich die höhere Lehranstalt in puncto Gleichberechtigung: Frauen durften 1903 erstmals dort studieren.

Größter Besuchermagnet ist heute die **Old Library**, unter anderem mit dem *Book of Kells*, einer 680 Seiten starken, prächtig illuminierten Schrift der vier Evangelien, erschaffen um das Jahr 800 von den Mönchen von Kells. Vor dem Buch bilden sich vor allem im Sommer lange Warteschlangen. Un-

Besucherstrom an einem schönen Herbsttag auf der O'Connell-Brücke

Dublin Castle erhebt sich auf Cork Hill

gefähr alle drei Monate werden seine Seiten umgeschlagen, damit sie nicht ausbleichen. Ebenfalls sehenswert: das kleine *Book of Mulling* ganz in der Nähe. Der Bibliotheksbestand umfasst auf zwei Stockwerken fast 5000 Handschriften und drei Millionen gedruckte Bücher (www.tcd.ie).

Ums Eck in der Merrion Street befindet sich die 1864 eröffnete **National Gallery** sowohl mit Werken irischer Landschafts- und Porträtmaler des 20. Jahrhunderts als auch von William Turner (1775–1851), einer der bedeutendsten bildenden Künstler Englands. Darüber hinaus höchst beeindruckend: die abwechslungsreich gestaltete spanische Sammlung mit Bildern von El Greco, Goya und Picasso sowie die Arbeiten italienischer Großmeister wie Caravaggio und Tizian. Ein eigens eingerichteter Raum im Millennium-Flügel (Eingang Clare Street) zeigt eines der berühmtesten irischen Gemälde: »Hellelil and Hildebrand, the Meeting on the Turret Stairs« (1864) von Frederic William Burton (www.nationalgallery.ie).

Das wiederum benachbarte **Nationalmuseum** präsentiert die bedeutendsten archäologischen Funde aus allen Ecken Irlands, darunter den wunderschönen Kelch von Ardagh aus vergoldetem Silber, Messing und Bronze – gefertigt vermutlich im frühen achten Jahrhundert. Das feine Flechtmuster am Boden der doppelhenkeligen Abendmahlschale konnten die Gläubigen nur sehen, wenn der Geistliche sie anhob und daraus trank. Ausgegraben wurde das kostbare Stück 1868 in der Festung Reerasta in der Grafschaft Limerick (www.museum.ie).

FRÜHERE MACHTDEMONSTRATION

Hinter dem Rathaus erhebt sich auf einem Hügel namens Cork Hill das eingangs erwähnte **Dublin Castle**. Die Burg gilt als ein Symbol der jahrhundertelangen britischen Vorherrschaft. König Johann Ohneland ließ sie auf den Fundamenten keltischer und dänischer Vorgängerbauten im 13. Jahrhundert errichten, wobei kaum etwas aus dieser Zeit erhalten ist. Dafür aber verfügt etwa die Chapel Royal über eine der schönsten neugotischen Inneneinrichtungen in Irland. Weitere Höhepunkte der circa halbstündigen Burgführung sind die prächtig ausstaffierten Staatsgemächer mit ihren farbenfrohen

Donegal-Teppichen und Glaslüstern aus Waterford – des Weiteren das blaue Wedgwood-Zimmer sowie der goldglänzende Thronsaal (www.dublincastle.ie).

Was könnte den Dubliner Bischof John Comyn 1191 dazu veranlasst haben, den Grundstein für **Saint Patrick's**, Irlands größter Kirche, ausgerechnet in einem Sumpfgebiet außerhalb der Stadtmauern zu legen? Wahrscheinlich die Legende, dass an dieser Stelle einst eine Holzkapelle stand, in der ums Jahr 450 der heilige Patrick die bekehr-

Mittagspause im Park an der St Patrick's Cathedral

Prächtiges Innere der Kathedrale; sie ist die größte Kirche Irlands.

Whitefriar Street Church, wo der heilige Valentin ruht

ten Gläubigen mit Quellwasser getauft haben soll. Der massive 69 Meter hohe Turm der Kathedrale gilt als Symbol der irischen Katholiken. Das Gotteshaus wurde mit finanzieller Unterstützung durch Sir Benjamin Lee Guinness im 19. Jahrhundert komplett umgestaltet. Es bietet eine bemerkenswerte Mischung aus Monumenten und Exponaten. Beim zweiten Pfeiler rechts neben dem Eingang befinden sich die Gräber von Jonathan Swift, dem Dekan der Gemeinde (1713–1745) und Autor von *Gullivers Reisen*, und seiner Freundin Esther »Stella« Johnson. Sehenswert sind ferner das Denkmal zu Ehren von Turlough O'Carolan (1670–1738), des hochgeschätzten blinden Barden, sowie das Boyle Monument (17. Jh.), das eine ganze Wand im Chor einnimmt. Dieses außergewöhnliche Schnitzwerk ist Richard Boyle, dem ersten Earl of Cork, und seiner Frau Catherine gewidmet. Der Eintritt in die Kirche ist kostenpflichtig (www.stpatrickscathedral.ie). Die frei begehbaren Außenanlagen laden zur Entspannung im Grünen und zu einem Literaturspaziergang ein: Zwölf Gedenktafeln, in einer Mauer eingelassen, erinnern an bekannte irische Schriftsteller.

VALENTINSKULT UND MARIENVEREHRUNG

Wenig bekannt dagegen ist die **Karmeliterkirche** in der Whitefriar Street, entworfen von George Papworth im Jahr 1827. In ihr trifft man meist nur Dubliner an, die Kerzen unter anderem für den heiligen Valentin entzünden, den Schutzpatron der Liebenden, dessen Gebeine hier ruhen. Papst Gregor XVI. schenkte diese 1836 der Kirche. Etwas Besonderes auch: der flämische Marienaltar mit der Statue der Lady of Dublin (15./16. Jh.). Sie soll aus der Saint Mary's Abbey nördlich des mittelalterlichen Stadtkerns stammen und als einziges hölzernes Bildnis in Irland die Zerstörungen während der Reformation überstanden haben.

Doch die sakralen Bauwerke sind nur eine Facette von vielen, welche die große Inselhauptstadt für die Gäste aus aller Welt so anziehend machen. Es gibt im Zentrum nur ganz wenige Hochhäuser, die schönen Fassaden aus der georgianischen und viktorianischen Zeit zaubern zusammen mit den urigen Pubs ein überaus gemütliches Flair. Aufgrund des hohen Verkehrsaufkommens und der sehr eingeschränkten Parkmöglich-

keiten sollten Reisemobilfahrer ihr Quartier auf den Campingplätzen am Stadtrand oder außerhalb beziehen. Dank gut ausgebautem öffentlichen Nahverkehr gelangt man entspannt überallhin. Hundebesitzer sollten allerdings wissen, dass große Tiere nicht mit in den Bus dürfen.

STADT DER SIEBEN BURGEN

Wunderbare Fernsichten bietet der beschauliche Vorort **Dalkey** im Südosten, Dublins Hochseehafen im Mittelalter. Ein Streifzug durch die Gassen führt vorbei an urigen Landhäusern mit prächtigen Blumengärten. An die früheren sieben Schlösser in der **Castle Street** erinnern noch zwei stattliche Herrenhäuser. Vom Hafen **Coliemore**, wo die traditionellen bunten Holzboote der Hummerfischer festliegen, schaut man hinüber auf **Dalkey Island**. Die Insel soll schon vor 6000 Jahren besiedelt gewesen sein – heute grasen dort Ziegen zwischen einer Kirchenruine (9. Jh.) und einem Wehrturm, der zum Schutz vor den Truppen Napoleons errichtet wurde. Auf den Felsen brüten Rosenseeschwalben.

Unter Glas geschützt: Pachtvertrag der Guinness-Brauerei – gültig für 9000 Jahre!

SPECIAL

BIER HER! BIER HER!

Niemand weiß, ob es einst an der cleveren Reklame lag – man denke an den ulkigen Blech-Tukan, der ein Glas Guinness auf seinem Riesenschnabel balanciert – oder einfach nur am guten Geschmack, der dem schokoladenfarbigen Gebräu zu seinem Siegeszug in aller Welt verhalf. Täglich werden rund 2,5 Millionen Pints in 150 Ländern der Erde getrunken. Arthur Guinness gründete den Familienbetrieb 1759. Die heute 26 Hektar großen Produktionsstätten kann man zwar nicht besichtigen, dafür aber das Storehouse, ein umgebautes Gärhaus, mit einem sechs Stockwerke umfassenden Firmenmuseum. Der Rundgang beginnt mit alten Fotografien von schnurrbärtigen Männern, folgt dann den Erläuterungen zum Brauwasser, zur Maische, zu Hopfen und Malz – und endet ganz oben bei einem »kostenlosen« Bier (im Eintrittspreis enthalten) in der Gravity Bar mit herrlichem Rundblick über Dublin. (www.guinness-storehouse.com).

Dalkey Island mit Wehrturm südöstlich von Dublin

An der Landspitze führen Stufen zum **Sorrento Park** mit dem gleichnamigen Aussichtspunkt; von oben eröffnet sich ein herrlicher Blick über die Killiney Bay bis zu den Wicklow Mountains. Das Panorama vergleichen viele mit jenem in der Bucht von Neapel, daher rührt auch der Parkname. Im nahe gelegenen **Torca Cottage** verlebte der Schriftsteller George Bernard Shaw seine Kindheit. Im **Castle and Heritage Centre** im wuchtigen Dalkey Castle erhält man neben einer Schlossführung umfangreiches Informationsmaterial zu den literarischen Spazierwegen in der Umgebung. Da die Straßen im Ort meist kurvig und eng sind, empfiehlt sich insbesondere zur Hauptreisezeit die Anfahrt mit den DART-Zügen Linie 8 und 59 ab Dun Laoghaire.

»Graues« Hauptquartier der Bank of Ireland, verschönert mit wechselnden Kunstobjekten

A WALK IN THE PARK

Vor der Kulisse des vulkanähnlichen Great Sugar Loaf Mountain (506 m) – am Ostrand der Wicklow Mountains – erstrecken sich die großartigen Gärten von **Powerscourt**. Der Gründer des Anwesens im palladianischen Stil war um 1730 Richard Wingfield, erster Viscount von Powerscourt. Nachdem einige seiner Nachfolger die Flächen verwildern ließen, erteilte der siebte Viscount in den 1860er-Jahren den Auftrag, die Ziergärten zu erneuern und auszuweiten. Von seinen Europareisen brachte er Vasen, Statuen und ein vergoldetes schmiedeeisernes Tor mit: das Bamberg Gate. Es wurde 1770 in Wien gefertigt und stand einst im Bamberger Domviertel.

Herzstück des Parks ist der runde, künstlich geschaffene Tritonsee, benannt nach der Springbrunnenfigur Triton im Zentrum, einer

Powerscourt Park – in reizender Lage am Fuß des Great Sugar Loaf Mountain

Nachbildung eines Werkes des italienischen Bildhauers Bernini. Zwei lebensgroße, geflügelte Pferdestatuen aus Zinkguss bewachen den Seezugang. Nebenan befinden sich vor Nordwinden geschützt die anmutigen Japanischen Gärten mit plätschernden Kaskaden, Bambus, Brücken und Pavillons unter Palmen. Eine skurrile Besonderheit ist der Tierfriedhof am Südwestende der Anlage, wo die Wingfields nicht nur ihre Hunde und Katzen, sondern auch ihre Lieblingspferde und -rinder begruben. Auf dem Grabstein der Kuh Eugenie prangt eine Art Dankesinschrift – sie lautet übersetzt: »Sie hatte 17 Kälber und produzierte über 100 000 Gallonen Milch.« Das Herrenhaus (1731) an der höchsten Stelle von Powerscourt brannte 1974 völlig aus. Die neuen Eigentümer bauten den Ballsaal originalgetreu wieder auf – und ließen im Erdgeschoss einen großen Souvenirladen mit Cafeteria einrichten (www.powerscourt.com).

AUF ALTEN MILITÄRSTRASSEN

Die **Wicklow Mountains** gelten als der »Garten Irlands«. Wanderer finden wunderschöne Wege vor. Die ausgeschilderten Routen führen sowohl durch fichtenbewachsene, von Gletschern geformte Täler als auch über baumlose Höhen mit runden Kuppen, Mooren und kleinen Gebirgsseen. Höchster Gipfel ist mit 926 Metern der Lugnaquilla. Das Nationalparkbüro am Upper Lake in der Nähe der sehenswerten Klosterruine Glendalough informiert unter anderem über die örtliche

Shopping-Center Powerscourt mit vielen Lokalen im Herzen Dublins

Powerscourt-Herrenhaus, 1974 neu errichtet nach einem Brand

Pflanzen- und Tierwelt. Eine Fahrt mit dem Wohnmobil durch die Berge erfordert großes fahrerisches Geschick, denn die Straßen wurden gar nicht für den Privatverkehr gebaut. Die Trassen legten die Briten als Military Roads während der Rebellion von 1798 an. Eine landschaftlich besonders schöne Strecke windet sich auf den Pass Sally Gap hinauf. Als guter Ausgangspunkt für Wanderungen eignet sich der einsam gelegene Parkplatz Wicklow Gap mit Info-Tafel (N 53°02'28" W 06°23'52").

Wicklow Town indes erweckt den Eindruck einer eher blassen Küstenstadt, deren größte Sehenswürdigkeit das ehemalige Gefängnis am südlichen Ende des Zentrums darstellt; es wurde zum Museum umgestaltet. Darin zeigen zum Beispiel ein ruppiger Aufseher und Häftlinge – als Wachsfiguren nachgebildet – sowie Tretmühle und Verlies das ganze Elend eines Gefängnisaufenthaltes in früheren Zeiten (www.wicklowshistoricgaol.com).

Die Gefangenen der Rebellen von 1798 schmorten gewiss auch im Kerker im Castle in **Enniscorthy**, einer Normannenburg hoch über dem Slaney-Tal. Die mit vier Rundtürmen noch immer sehr beeindruckende Befestigungsanlage zeigt in einer Ausstellung im Erdgeschoss die wechselhafte Geschichte von der Gründung bis zu Henry Roche (1862–1947), Ritter vom heiligen Grab und damaligen Besitzer der Mälzereien am Fluss. Die erste Etage ist dem Osteraufstand von

AUSFLUG

UNTERHALTSAME WISSENSVERMITTLUNG

Im preisgekrönten National 1798 Rebellion Centre in Enniscorthy, drei Straßen südlich der Burg, begeben sich die Besucher – von Computeranimationen begleitet – auf eine aufregende Zeitreise ins 18. Jahrhundert, die Gründungsjahre der irischen Demokratie. Das Historienspektakel beschreibt unter anderem die Kritik an den protestantischen Adligen, erzählt vom unermüdlichen Kampf um die Menschenrechte und gipfelt in der multimedialen Präsentation der Entscheidungsschlacht am Vinegar Hill, in der die Aufständischen unterlagen (www.1798centre.ie).

1916 gewidmet. Außerdem kann man dort einige Werke der bekannten, aus dem Ort stammenden Art-decó-Künstlerin Eileen Gray bewundern (www.enniscorthycastle.ie).

DIE DUNKLEN ANFÄNGE

Die betriebsame Hafenstadt **Wexford** an der Mündung des River Slaney soll laut dem griechischen Astronomen Ptolemaios auf eine Gründung der Menapier zurückgehen, eines keltisch-germanischen Volksstammes, der aus dem belgischen Gallien übersiedelte. Doch Ptolemaios, der die als Menapia benannte Kolonie im zweiten Jahrhundert n. Chr. in seiner Weltkarte verzeichnete, ist in Fachkreisen sehr umstritten. Er steht in Verdacht, die Ortsnamen erfunden beziehungsweise von Hipparchos (um 190–120 v. Chr.) ungeprüft übernommen zu haben. Sei's drum: Größeren Einfluss übten ohnehin die Wikinger aus, die um 850 anlandeten – des Weiteren die Anglo-Normannen, welche im Jahr 1196 Wexford eroberten und damit die Inbesitznahme der gesamten Insel einläuteten.

Vom historischen Erbe der Stadt ist jedoch kaum etwas übrig. Es beschränkt sich auf ein Stück Stadtmauer mit dem **Westgate** (13. Jh.) und der Ruine von **Selskar Abbey**. Im Kloster, so sagt man, habe Heinrich II. 1172 die Fastenzeit verbracht – in selbst auferlegter Buße für den mutmaßlich von ihm beauftragten Mord an Thomas Becket, dem Erzbischof von Canterbury. Wegen mangelnder Sehenswürdigkeiten empfiehlt sich beispielsweise ein Bummel auf der neu angelegten **Hafenpromenade**, wo sich bunte Kutter dicht aneinanderreihen – oder auf der Main Street mit ihren alten Ladenfronten;

Wexford, wo auf die Wikinger die Anglo-Normannen folgten

Wollige Mitbringsel im Souvenirladen in Powerscourt

Warten auf Wind: Segler in der Nähe von Waterford

diese wurde zum Teil in eine Fußgängerzone umgewandelt.

UND WIEDER DIE WIKINGER

Die Entwicklung in **Waterford** verlief ähnlich wie in Wexford. Irlands vermutlich älteste Stadt wurde 914 von den Wikingern gegründet. Ihre Bedeutung wuchs vor allem unter den Anglo-Normannen und ihren Nachfolgern, indem sie die Siedlung zu einem englischen Machtzentrum ausbauten. Waterford Harbour wurde zum wichtigsten Hafen im Südosten – auf den gestiegenen Warenverkehr folgten rasch neue Industriebetriebe. Auch wenn die Nachfrage inzwischen stark zurückgegangen ist, finden die hier in Handarbeit produzierten Kristallgläser nach wie vor zahlungskräftige Liebhaber in aller Welt. Einige besonders schöne Stücke dieser Kunst zeigt das modern eingerichtete Museum, aufgeteilt auf drei Standorte. Ebenfalls zu sehen sind etwa Wikinger-Schmuck oder die farbenprächtige, vier Meter lange Great Charter Roll aus dem Jahr 1372. Ein lohnenswerter Spaziergang führt vom Clock Tower über die Holy Trinity Cathedral mit ihrer Barockkanzel zum Reginald's Tower, einem runden Verteidigungsturm am Wasser. Dessen drei Meter dicke Mauern beherbergen eine Ausstellung mit einigen wertvollen Schätzen. Man sagt, dass beim Bau des Turms erstmals auf irischem Boden Mörtel verwendet wurde (www.waterfordtreasures.com).

Das charmante Ferienstädtchen **Dunmore East** und der Leuchtturm von Hook Head gegenüber markieren das Eingangstor zum großen Naturhafen von Waterford. Aus Waterford kommend führt eine steile Straße in die Innenstadt, wo sich reetgedeckte Cottages aneinanderreihen. Der Liebreiz von Dunmore liegt darüber hinaus in den schönen, von roten Sandsteinklippen umsäumten Badebuchten begründet. Ein weiterer, offener und kilometerlanger Strand verläuft südlich des Ortes. Ein Blickfang im Hafen ist der kleine Leuchtturm, erbaut 1823 in Form einer dorischen Säule.

SPASS RUND UM DIE UHR

Tramore, eine weitere Urlauberhochburg, liegt nur wenige Kilometer westlich davon, bietet aber ein völlig anderes Bild. Fast-

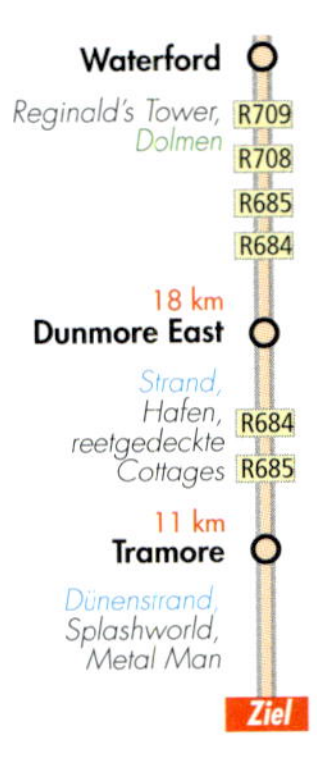

Trabjockeys am Strand bei Dunmore East

Food-Buden, Discos und allerlei sonstige Vergnügungsstätten sind die Garanten für viele unterhaltsame Stunden. Die Sanddünen im Osten stehen indes unter Naturschutz. Tägliche Badefreuden – unabhängig vom wechselhaften irischen Wetter – verspricht **Splashworld**, eine Wasserlandschaft mit Riesenrutschen. Wenngleich sich dieses Angebot vornehmlich an die jungen Gäste richtet, gibt es bestimmte Zeiten, in denen nur Erwachsene Zutritt haben.

Ein seltsames Schifffahrtszeichen ist der »Metal Man« am Westende. Man kann ihn nur aus der Ferne betrachten. Der riesige bemalte Matrose aus Eisen weist mit der Hand hinaus aufs Meer. Er möchte damit sagen: »Halt, umkehren, ihr seid falsch!« Denn bis zum Aufstellen der Figur im 19. Jahrhundert passierte es häufig, dass ortsunkundige Besatzungen die Bucht von Tramore mit der Bucht von Waterford verwechselten – und daher mit ihrem Schiff auf Grund liefen.

Aufwärmphase: heiße Schokolade und irischer Früchtekuchen in einem Café in Tramore

PRAKTISCHE HINWEISE

TOURISTENINFORMATIONEN

Discover Ireland Information Office (Fáilte Ireland)
14 O'Connell Street Upper, Dublin,
Tel. +3531850230330,
www.discoverireland.ie

Dublin Visitor Centre O'Connell Street
17 O'Connell Street Lower, Dublin,
Tel. +35318980700,
www.dublinvisitorcentre.ie

Visit Dublin Centre Suffolk Street
25 Suffolk Street, Dublin,
Tel. +3531850230330,
www.visitdublin.com

Tourist Office Dublin
37 College Green, Dublin,
Tel. +35314100700,
www.touristofficedublin.com

Wicklow Town Tourist Office
Rialto House, Fitzwilliam Square, Wicklow,
Tel. +353 404 69117, www.visitwicklow.ie

Enniscorthy Tourism
Enniscorthy Castle, Castle Hill,
Enniscorthy, County Wexford, Tel.
+353 53 9234699,
www.enniscorthytourism.com

Wexford Tourist Information Office
Crescent Quay, Ferrybank South, Wexford,
Tel. +353 53 9123111, www.visitwexford.ie

Waterford Tourist Office
120 Parade Quay, The Quay, Waterford,
Tel. +353 51 875823, www.discoverireland.ie

Dunmore East Tourism
Dunmore East, County Waterford,
www.discoverdunmore.com

In der Heimat der Regenbogen

Sonnenaufgang am wunderbaren North Beach in Rush

Tramore Chamber of Tourism and Commerce
Train Hill, Tramore East, Tramore, County Waterford, Tel. +353 51 393696, www.tramore.ie

CAMPING- UND STELLPLÄTZE

C100 **North Beach Caravan & Camping Park** (S. 151 F6)
North Beach, Rush, County Dublin, Tel. +353 1 8437131, www.northbeach.ie
GPS-Daten: N 53°31'31" W 06°05'09"
Hervorzuheben sind die schöne Lage mit Blick aufs Meer und der eigene Zugang zum weitläufigen, von Felsen umrahmten Sandstrand. Zur Verfügung stehen 32 recht enge Stellplätze auf leicht geneigter Wiese. Das Gelände ist mit Zaun und Schranke gesichert. Die Ausstattung ist einfach, Duschen kostet extra. Die Entfernung zu Dublins Innenstadt beträgt 28 Kilometer, Supermarkt und Haltestelle liegen in Gehweite (15–20 Min.). Späteste Ankunft: 20 Uhr. Weder Reservierung noch Kartenzahlung sind möglich. Anfang April bis Ende September.

C101 **Camping Camac Valley** (S. 155 G1)
Naas Road, Clondalkin, Dublin, Tel. +353 1 4640644, www.camacvalley.com
GPS-Daten: N 53°18'16" W 06°24'53"
Ordentlich geführter Stadtcampingplatz mit 140 Parzellen an einer Straße und neben einem Park in südwestlich gelegenem Vorort. Die sanitären Anlagen wirken schon etwas älter, die Duschhähne etwa sind nicht regulierbar. Waschmaschinen und Trockner ergänzen diesen Bereich. Ein Spielplatz ist ebenfalls vorhanden. Es bestehen gute Nahverkehrsverbindungen, besonders in die Innenstadt (große Hunde sind im Bus nicht gestattet). Ganzjährig.

C102 **Roundwood Caravan & Camping Park** (S. 155 H3)
Roundwood Village, County Wicklow, Tel. +353 1 2818163, www.dublinwicklowcamping.com
GPS-Daten: N 53°04'09" W 06°13'21"
Die mehrfach ausgezeichnete Anlage mit 71 Stellplätzen befindet sich in einem kleinen Dorf in der Nähe des Vartry-Stausees; er versorgt die Vororte von Dublin mit Trinkwasser. Die hügelige Landschaft ist beliebt bei Anglern, Spaziergängern und Wanderern. Der Ort verfügt über Pubs und Restaurants. Eine Spielecke und ein Aufenthaltsraum mit Fernseher und Büchern sowie eine beheizbare Camper-Küche stehen bereit. Golf, Angeln, Radfahren und Pferde-

Der North Beach lädt zu langen Spaziergängen ein.

sport zählen zu den Lieblingsaktivitäten der Gäste. Tipp: Tagestour mit dem Linienbus in die Hauptstadt. Ende April bis Anfang September.

C103 Wolohan's Silver Strand Camping & Caravan Park (S. 155 H3)
Dunbur Upper, County Wicklow,
Tel. +353 404 69404, www.silverstrand.ie
GPS-Daten: N 52°57'17" W 06°00'59"
Frühaufsteher genießen die Sonnenaufgänge über dem Silver Strand, einer Badebucht, die zu den schönsten im Südosten zählt. Eine Treppe führt zu ihr hinunter. Die meisten Parzellen des weitläufigen baumlosen Areals bieten Meerblick. Ein Manko ist, dass die Rasenplätze nicht eben sind. Der engagiert geführte Familienbetrieb unterhält einen kleinen Laden. Ostern bis September.

S104 Glendalough Visitor Centre
(S. 155 G3) R 756, Glendalough,
County Wicklow, Tel. +353 404 45352,
www.glendalough.ie
GPS-Daten: N 53°00'40" W 06°19'20"
20 Stellplätze ohne Service auf gemischtem Parkplatz am Nationalpark-Besucherzentrum mit Hotel und Bistro. Die Aufenthaltsdauer ist auf 24 Stunden beschränkt.

C105 Hidden Valley Holiday Park
(S. 155 G3) Rathdrum, County Wicklow,
Tel. +353 86 7272872,
www.irelandholidaypark.com
GPS-Daten: N 52°56'20" W 06°13'40"
Schön gelegener und im Sommer stets gut besuchter Campingplatz am Avonmore River und rund um einen kleinen See. Die Einrichtungen sind überdurchschnittlich, wenngleich die sanitären Anlagen nicht beheizbar sind. Das Fahrzeug steht auf festem Untergrund. Zum Ort mit Pizzeria und Supermarkt gelangt man nach circa 15 Minuten zu Fuß über einen steilen Anstieg. Kanu-Verleih, Minigolf und vieles mehr befinden sich auf dem Gelände. Für 2019 geplant: Eröffnung des neuen Splash Valley Adventure Park. Mitte März bis Ende September und letztes Wochenende im Oktober.

S106 Stellplatz Derrybawn Farm Sanctuary (S. 155 G3)
Derrybawn, Rathdrum, County Wicklow,
Tel. +353 86 2670669,
www.rivervalleypark.ie
GPS-Daten: N 52°59'32" W 06°19'21"
Das neu geschaffene geschotterte Terrain liegt abgeschieden am Ende eines 700 Meter langen Feldweges in einem Tal im Glen-

dalough National Park. Es verfügt über sieben mit Pflanzenkübeln abgegrenzte Parzellen und eine Service-Station. Die Aufenthaltsdauer ist auf eine Woche begrenzt. Anfang April bis Ende Oktober.

C107 **River Valley Caravan Park**
(S. 155 H4) Redcross, County Wicklow,
Tel. +353 404 41647,
www.rivervalleypark.ie
GPS-Daten: N 52°53'21" W 06°08'40"
Das acht Hektar große Gelände mit 190 Standplätzen ist in unterschiedliche Bereiche unterteilt: etwa für Festunterkünfte, Wohnmobile, Zelte oder den »Secret Garden«, einer »Adults Only Area«, wo Kinder keinen Zutritt haben. An diese richtet sich zum Beispiel der Kids Club, es stehen auch Spielplätze zur Verfügung. Beliebte Freizeitaktivitäten für Erwachsene sind unter anderem Golf, Tennis und Badminton. In unmittelbarer Nähe liegt Mickey Finn's Pub, wo gelegentlich Live-Auftritte mit irischer Musik stattfinden. Im Dorf gibt es einen Laden, der alle notwendigen Dinge des täglichen Bedarfs bereithält. Mitte März bis Ende September und Wochenenden im Oktober.

S108 **Moneylands Farm** (S. 155 H4)
R 772, Arklow, County Wicklow,
Tel. +353 402 32259,
www.moneylandsfarm.com
GPS-Daten: N 52°47'04" W 06°09'50"
Die Frühstückspension in ruhiger Ortsrandlage mit Blick aufs Meer bietet 13 ebene Stellplätze auf Schotter für Wohnmobile bis acht Meter Länge. Ganzjährig.

C109 **Morriscastle Strand Holiday Park**
(S. 155 G6) Morriscastle, Kilmuckridge,
County Wexford, Tel. +353 53 9130124,
www.morriscastlestrand.com
GPS-Daten: N 52°31'00" W 06°14'16"
Durch Hecken und Bäumen aufgelockertes Gelände mit 100 Touristenplätzen in ruhiger Umgebung hinter Dünen. Der Fußweg zum Strand beträgt zwei Minuten. Teils welliger Untergrund, die Parzellen sind meist befestigt. Das sportliche Angebot umfasst Tennis und Basketball. Im Juli und August finden eine Reihe organisierte Aktivitäten statt, speziell für Kinder. Mitte April bis Ende September.

S110 **The Trading Post** (S. 155 G6)
R 741, Ballinamona, County Wexford,
Tel. +353 53 9127368,
www.wexfordcamping.com
GPS-Daten: N 52°27'13" W 06°24'03"
21 Stellplätze für Wohnmobile und Caravans, eine Tankstelle, ein Lebensmittelgeschäft, eine Waschmaschine, Duschen und ein Fernsehraum sind die wichtigen Eckdaten.

In Ballynabola, einem Versorgungsstädtchen nahe Wexford, sind Reisemobile gern gesehen.

Die Anreise ist bis 20.30 Uhr möglich. Der Hafen Rosslare liegt etwa 30 Minuten Fahrzeit entfernt. Anfang Februar bis Ende Dezember.

C 111 **Ferrybank Caravan & Camping Park** (S. 159 G1) Wexford, County Wexford, Tel. +353 53 9185256, www.wexfordswimmingpool.ie
GPS-Daten: N 52°20'42" W 06°27'11"
Ferrybank erstreckt sich auf einer Landzunge mit weitem Ausblick aufs Meer, auf die Stadt gegenüber, auf Rosslare und Raven Point. Binnen einer Viertelstunde gelangt man zu Fuß über die Wexford Bridge ins Zentrum. Es gibt eine Gemeinschaftsküche mit Herd, Kühlschrank und vieles mehr. Campinggäste erhalten ermäßigte Eintrittskarten fürs Schwimmbad und Fitnessstudio. Ganzjährig.

C 112 **International Outdoor Adventure Centre (IOAC)-Campsite** (S. 159 G1) Sixacre, Tagoat, County Wexford, Tel. +353 53 9189022, www.ioac.ie
GPS-Daten: N 52°14'38" W 06°22'51"
Die ganz neu angelegte, rund um einen Weiher gelegene Freizeiteinrichtung stellt eine Kombination aus Campingplatz und Sportzentrum für Kinder und Jugendliche dar – zu den kostenpflichtigen Angeboten zählen etwa Kajak- oder Kletterkurse. Die Stellplätze sind üppig bemessen, das weitläufige Wiesengelände ist nur spärlich beleuchtet. Anfang März bis Ende Oktober.

S 113 **Motorhome Park The Norman View** (S. 159 F2) Ramstown Farm Fethard-On-Sea, New Ross, County Wexford, Tel. +353 87 2453687, www.thenormanview.com
GPS-Daten: N 52°11'00" W 06°50'12"
Stellplatz mit geschotterten Buchten für zwölf Reisemobile unweit des Dorfes. Das gepflegte Gelände liegt am Eurovelo-Radweg E1, die Entfernung zur Baginbun Bay beträgt einen Kilometer. Abfallentsorgung, Grauwasser- und Kassettenentleerung sind gewährleistet. Die Aufenthaltsdauer ist unbegrenzt. Anfang Februar bis Ende November.

Jung-Kraxler im Abenteuerpark in Tagoat

IOAC-Campsite: draußen auf der grünen Wiese

C 114 Roches Campervan and Campsite
(S. 159 F1) Clonmines, County Wexford, Tel. +353 86 1737873, www.pitchup.com/campsites
GPS-Daten: N 52°15'05" W 06°46'09"
Einfaches Campinggelände an einem Bauernhof mit schönem Blick auf die Bannow Bay. Das Freizeitangebot beinhaltet Pferde- und Ponyreiten. Es steht ein Sanitärblock zur Verfügung. Grillen und Lagerfeuer sind erlaubt. Anfang März bis Ende Oktober.

S 115 Parkplatz Saint Mullins
(S. 155 E6) The Quay, Saint Mullins, County Wexford
GPS-Daten: N 52°29'16" W 06°55'46"
Schöner, ruhiger Stellplatz auf befestigtem Wanderparkplatz am Fluss für sechs Reisemobile. Das Café nebenan hat bis 18 Uhr geöffnet. Außer einer Picknick-Zone mit Tischen und Bänken sind keine weiteren Einrichtungen vorhanden, doch am nahe gelegenen Friedhof gibt es eine öffentliche Toilette. Die maximale Aufenthaltsdauer beträgt 72 Stunden. Ganzjährig.

C 116 Dunmore East Holiday Park
(S. 159 E2) Dunmore East, County Waterford, Tel. +353 87 7022566, www.dunmoreholiday.ie
GPS-Daten: N 52°09'33" W 06°59'32"
Der Campingplatz bietet eine wunderbare Aussicht aufs Meer mit einem kilometerlangen Sandstrand. Alle notwendigen Einrichtungen stehen bereit, allerdings ist der Sanitärbereich bei Vollbelegung zu knapp bemessen. Ende April bis Ende September.

C 117 Camping Newtown Cove
(S. 159 E2) Newtown Road, Tramore, County Waterford, Tel. +353 51 381979, www.newtowncove.com
GPS-Daten: N 52°08'51" W 07°10'21"
Ansprechend gestaltete, ortsnahe Anlage mit 40 Touristenplätzen – geprägt von Mobilheimen. Es gibt zahlreiche Einrichtungen wie etwa Servicestation für Wohnmobile, Camper-Küche oder Aufenthaltsraum. Wassersport, Reiten und Golfspielen sind die bevorzugten Aktivitäten der Gäste. Fahrradfahren auf dem Gelände ist verboten. Ein schöner Weg führt zu den Klippen. Mitte April bis Ende September.

2 KURS SÜDWEST: COUNTIES WATERFORD, CORK, KERRY UND LIMERICK

Von der früheren Industriestadt Dungarvan geheimnisvollen Lough Gur

Die Grafschaften im Südwesten sind die gefragtesten Reiseziele auf der Grünen Insel. Regennasses Weideland trifft auf einen Hauch von Süden. Felsen, dunkle Bergseen und Gipfel setzen Akzente. Im Sommer duftet es nach Azaleen und frischem Heu – an den Küsten riecht es mitunter streng nach Seegras. Das Wetter ist sehr oft launenhaft: Besonders auf den bergigen Halbinseln wie Beara folgt auf einen Wolkenbruch rasch eitler Sonnenschein. Mit dem Wohnmobil ist es nicht immer ein Vergnügen, die schmalen Sträßchen zu befahren. Dabei sind Zeit und Umsicht gefordert. Wer sich auf das Abenteuer einlässt, erfährt mehr als einmal traumhaft schöne Landschaftsbilder.

Dungarvan – Touristen entdecken zunehmend die alte Hafenstadt.

ROUTE 2

START- UND ENDPUNKT
Dungarvan und Limerick

STRECKENLÄNGE
629 Kilometer

FAHRZEIT
5 bis 8 Tage

In einem großen Naturhafen an der Mündung des Colligan liegt **Dungarvan**, eine Stadt im Aufbruch. Wo einst stinkende Handwerksbetriebe wie Gerbereien den Kai säumten, entstehen heute schicke Apartment-Häuser. Auch die Gästezahlen steigen. Überregional bekannt ist der Bauernmarkt, der jeden Donnerstagvormittag stattfindet.

Die Steinbrücke, die seit 1815 den Fluss überspannt und die West- und Oststadt verbindet, besteht aus einem Bogen von rund 23 Meter Länge – was sie in jener Zeit zu einer der größten ihrer Art machte.

Am rechten Ufer befinden sich die restaurierten Mauern von **Dungarvan Castle**, auch King John's Castle genannt. König

Guter Rat: Radverleih an der historischen Bogenbrücke

Weites Weideland in der Grafschaft Cork

Johann soll den Bau der Burg mit mächtiger Torbastion im 13. Jahrhundert befehligt haben. Das Besucherzentrum im Hof informiert über die Einzelheiten (www.heritage-ireland.ie). Wissenswertes zur Geschichte der Stadt und Gegend vermittelt das **Waterford County Museum** im alten Rathaus und ehemaligen Kornspeicher (www.waterford-museum.ie). Als Übernachtungsbasis empfiehlt sich die wunderschöne, westlich gelegene Clonea Bay mit superlangem Sandstrand und gut geführtem Campingplatz.

FRÜHER DIENER GOTTES

Ardmore trägt den Titel »Historic Seaside Village«, verliehen von den Ausrichtern der irischen Variante von »Unser Dorf soll schöner werden«. Der Name des Ortes rührt vom gälischen »Ard Mór« – dies bedeutet übersetzt »großer Hügel«. Tatsächlich führt eine steile, von farbenfroh getünchten Häusern gesäumte Gasse den Hang hinauf. Oben erheben sich die Ruinen der **Saint Declan's Cathedral** mit konischem, fast 30 Meter hohem Rundturm (12. Jh.); er zählt inselweit zu den am besten erhaltenen. An dieser Stelle gründete im fünften Jahrhundert der walisische Mönch Declan ein Kloster, also lange vor dem Wirken des berühmten heiligen Patrick. In der Westfront der verfallenen Kirche prangen einige schöne Steinmetzarbeiten, die aus älteren Gebäuden stammen. Die Statuen und Reliefs zeigen Bibelszenen – zum Beispiel jene berühmte, als Salomon droht, das Kind mit seinem Schwert zu halbieren. In Ortsnähe verlaufen mehrere großartige Sandstrände mit angeschlossenen Caravan-Parks, dazu ein aussichtsreicher Rundwanderweg hoch über den Klippen.

Die nächste Station heißt **Youghal**. Folgt man den Schildern »Town Centre«, gelangt man zum oft gut gefüllten Parkplatz am Pier beim Touristenbüro, wo mit etwas Glück zwei bis drei Wohnmobile ein Quartier finden (N 51°57'09" W 07°50'42"). Im Mittelalter war das auf Gälisch genannte Eochaill eine blühende Hafenstadt. Im Jahr 1579 zerstörten sie die Truppen des damals regierenden Earl of Desmond. Aus jener Zeit in großen Teilen erhalten ist die Stadtmauer, die sich westlich der Altstadt mit Häusern aus dem 18. und 19. Jahrhundert auf einer Länge von circa 600 Meter hinzieht.

Die Kühe können fast das ganze Jahr über frisches Gras und wilde Kräuter fressen.

Wahrzeichen ist der stattliche fünfstöckige **Clock Gate** (Uhrturm), der das ursprüngliche Stadttor ersetzte und bis 1837 als Gefängnis diente. Weitere Glanzlichter sind etwa das auffällige **Red House** im holländischen Stil (1710), das an den früheren Reichtum der Kaufleute erinnert, oder die protestantische **Saint Mary's Church** (1220) mit schönen Eichenholzarbeiten und bunten Glasfenstern sowie dem reich geschmückten Renaissancegrab von Richard Boyle. Im Übrigen entzückte der Hafenort einst auch Hollywood: John Huston wählte ihn als Kulisse für »Moby Dick« mit Gregory Peck in der Rolle des von irrsiniger Rachsucht getriebenen Kapitäns Ahab. Viele Gäste besuchen den Ort jedoch einzig wegen seiner schönen, insgesamt acht Kilometer langen Sandstrände.

HISTORISCHER HANDELSPLATZ

Mit etwas mehr als 125 000 Einwohnern ist **Cork** die zweitgrößte Stadt der Republik Irland. Sie liegt an der Mündung des River Lee. Als Ausgangspunkt für einen Tagesbesuch empfiehlt sich der Park-&-Ride-Parkplatz Black Ash im Süden (N 51°52'43" W 08°27'59"). In der Parkgebühr ist das Ticket für den

SPECIAL

MÄRCHEN ODER TATSACHEN?

Legenden besagen, dass sich in Myrtle Grove in Youghal, einem stattlichen Haus im Tudor-Stil, zwei Dinge zugetragen haben: Zum einen pflanzte dort um 1588 Sir Walter Raleigh, seinerzeit Hausherr und Bürgermeister der Stadt, als angeblich Erster Kartoffeln auf irischem Boden. Aus Unwissenheit verzehrte er statt der Knollen die Beeren, was ihn, da diese giftig sind, beinah das Leben kostete. Zum anderen rauchte Raleigh im Garten zum ersten Mal Tabak. Ein Diener be obachtete ihn von hinten und sah Rauch aufsteigen, woraufhin er einen Eimer Wasser auf seinen Herrn schüttete, um das vermeintliche Feuer zu löschen. Für beide Berichte gibt es keine Belege – sie können stimmen oder auch nicht. Besonders die Geschichte mit dem Tabakrauch ist umstritten, da man sie auch von anderen Häusern erzählt.

Im Bild links: früheres Franziskanerkloster im Dorf Timoleague

Shuttle-Bus ins Zentrum eingeschlossen; er verkehrt täglich außer sonntags zwischen 7.30 und 19.30 Uhr. Die Flussarme North und South Channel umschließen die Innenstadt, die somit eine Insel bildet. Wenngleich etliche weitere Wasserstraßen in der Vergangenheit zugeschüttet wurden, verbreiten die noch immer zahlreich erhaltenen malerischen Brücken holländisches Flair.

Grand Parade und Saint Patrick's Street gelten als die Haupteinkaufszonen. Dort, wo sie aufeinandertreffen, befindet sich der **English Market**, eine prächtige georgianische Halle aus Backstein mit einladend dekorierten Ständen (www.englishmarket.ie). Die Liebhaber der modernen Kunst zieht es danach womöglich ein Stück westwärts zur bemerkenswerten **Lewis Glucksman Gallery** auf drei Etagen in einem außerordentlich schön gestalteten Gebäude am Fluss (www.glucksman.org). Südlich trifft man auf die neugotische Kathedrale **Saint Fin Barre's** mit üppig bemaltem und blattgoldverziertem Gewölbe.

Das nahe **Kinsale** mutet mit seinen engen Gassen und bunten Häusern beinahe südländisch an. Mehr als 50 Restaurants, Pubs und Cafés sowie viele Feinkostläden machen den Küstenort zum größten Treffpunkt für Genießer im Südwesten. Ein besonderer Tipp ist das »Fishy Fishy« mit gemütlicher Gartenterrasse. Es gilt als eines der besten Fischlokale im Land. Charterboote starten vom Old Head zu den attraktivsten Fangplätzen, wie etwa den Ling Rocks. Verbreitete Arten dort sind zum Beispiel Blauhai, Leng oder Köhler. Südöstlich von Kinsale erheben sich die zwölf Meter hohen Mauern der sternförmig angelegten, gut erhaltenen **Charles-Festung**.

Eine Steinbrücke führt auf die Seven-Heads-Halbinsel.

Freundlicher Fischerort Courtmacsherry

AUSLÄNDISCHE FINANZIERS

Als ein guter Standort für Ausflüge in der Region Südwest-Cork erweist sich der Sexton's Caravan & Camping Park auf einem umgebauten Bauernhof in der Nähe von **Timoleague**. Feldherr Oliver Cromwell ließ 1642 die Franziskanerabtei des Dorfes plündern. Gut erhalten sind Seiten-, Querschiff und einige schöne Spitzbogenfenster. Gründer und Geldgeber des Klosters im 13. Jahrhundert waren gälische und normannische Adlige, weshalb es für Mönche beider Volksgruppen offenstand. Danach lohnt ein Spaziergang zwischen Rhododendren und Palmen in den **Castle Gardens**. Wieder im Fahrzeug, gelangt man über eine alte Steinbrücke in den Fischerort Courtmacsherry auf der Halbinsel Seven Heads mit ihren silbrigen Stränden.

Der Ort **Clonakilty** mit seinen bunten Fassaden und den renovierten Häusern im Hafen wurde 2001 in einem Wettbewerb zur lebenswertesten Kleinstadt der Welt gekürt. Großen Spaß vor allem für Kinder und Modellbauer verheißt das West Cork Model Railway Village auf dem ehemaligen Bahnhofsgelände mit originalgetreu nachgebauten Gebäuden (www.modelvillage.ie). Wen es später in die Natur zieht, macht sich auf zum vorgelagerten schönen Sandstrand Inchydoney mit angrenzendem Vogelschutzgebiet.

Die freundliche Stadt **Skibbereen** geht auf eine Gründung durch englische Siedler im 17. Jahrhundert zurück. Überregional be-

Wetterregel Nummer eins: Auf Regen folgt Sonnenschein.

Bunt und bunter präsentiert sich Glengarriff.

Ort zum Auftanken – gesehen in Lauragh auf der Halbinsel Beara

kannt ist sie heute zum einen wegen des Skibbereen Arts Festival, zum anderen wegen des Food Festival im Hoch- beziehungsweise Spätsommer (www.skibbereenarts-festival.com; www.atasteofwestcork.com). Ausstellungen im Heritage Centre zeichnen die Große Hungersnot der 1840er-Jahre nach und beleuchten das Naturparadies um den **Lough Hyne**; der Salzsee befindet sich fünf Kilometer südwestlich. Vom dortigen Aussichtspunkt Hill Top genießt man einen großartigen Ausblick auf das stille Gewässer und das nicht selten aufgewühlte Meer dahinter. Der nachfolgende Ferienort **Baltimore** ist ein beliebter Angel- und Segelstützpunkt sowie Ausgangshafen für Walbeobachtungen (www.whalewatchwest-cork.com).

VON MILDEM KLIMA VERWÖHNT

In **Bantry** findet jeden Freitag ein Wochenmarkt statt. In jedem Fall einen Besuch wert ist das Bantry House am südlichen Ortsrand, eingerichtet mit wertvollen französischen Möbeln und Kunstgegenständen aus ganz Europa. Die gemütliche Teestube und der Park im italienischen Stil laden zum gepflegten Müßiggang ein.

In **Glengarriff** leben fast alle der etwa 800 Einwohner vom Tourismus. Der mit Läden, Cafés und Pubs gesäumte Ort ist Ausgangspunkt zur Erkundung der wildschönen Beara-Halbinsel. Aufgrund des vorbeifließenden warmen Golfstroms überzieht eine beinah subtropische Vegetation aus Fuch-

Geheimnisvoll schimmernder Glanmore-See

sien, Stechpalmen und Erdbeerbäumen die Felshänge und Buchten. Im herrschaftlichen Garten **Ilnacullin** auf Garinish Island, angelegt in den 1910er-Jahren, gedeihen neben den sonst weitverbreiteten Rhododendren diverse Kamelienarten, Magnolien und vielerlei exotische Bäume (www.garnishisland.com). Die Grünanlagen von Bantry House, Ilnacullin und aktuell 23 weiteren sind in der Vereinigung West Cork Garden Trail zusammengeschlossen; sie feiert im Jahr 2020 ihr 25-jähriges Bestehen (www.westcorkgardentrail.com). Nach Garinish Island besteht ein 15-minütiger Bootstransfer (www.harbourqueenferry.com).

Die insgesamt etwa 140 Kilometer lange Küstenstraße **Ring of Beara** gilt als Geheimtipp unter den Irlandfahrern. Sie verspricht genauso wie der weitaus bekanntere Ring of Kerry wunderbare landschaftliche Eindrücke. Gleiches gilt für den Abzweig über den Healy-Pass quer durchs gebirgige Innere. Diese Strecke ist zwar schmal und kurvenreich, aber wenig befahren. Hinter der Passhöhe eröffnet sich ein zauberhafter Blick auf den tiefdunklen **Glanmore Lake** mit ein paar baumbewachsenen Miniinseln tief unten im Kessel. In seinem Wasser tummeln sich Lachse und Forellen. Im nächsten Ort Lauragh wachsen schöne, große alte Bäume.

AUSFLUG

EIN BISSCHEN URWALDLUFT SCHNUPPERN

Derreen Gardens liegt bei Lauragh am Fuß des Healy-Passes. Der Park spaltet die Gemüter: Den einen wirkt er nicht genügend gepflegt, die anderen lieben gerade dieses Urwüchsige aus knorrigen Baumstämmen und -farnen – und viele kommen vor allem wegen der Ruhe. Man wandelt teils über bemooste Treppen. Auch bei Nebel- und Nieselwetter entfaltet seine Natur ihren Charme. Derreen Gardens umfasst mehr als 60 Hektar Fläche und verfügt über zwölf Kilometer Wege. Sikawild streift durchs Gehölz, Seehunde lassen sich vom Ufer aus erspähen. Das ganzjährig zugängliche Gelände gehört ebenfalls zum besagten West Cork Garden Trail. Das Park-Café hat von April bis Oktober geöffnet (www.derreengarden.com).

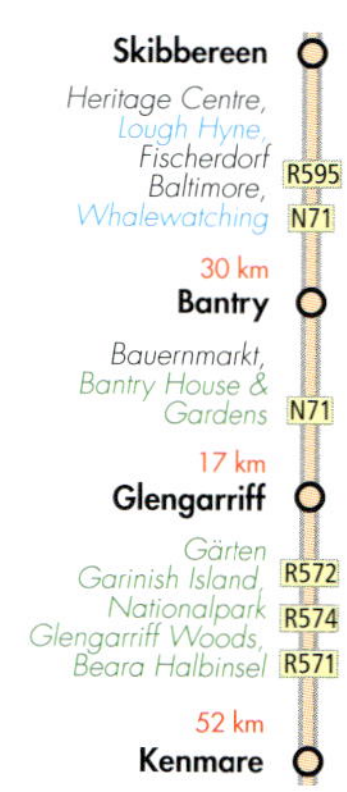

Scariff und Deenish Island, Ring of Kerry

KUNSTHANDWERK UND ALTE MAGIE

Weiter geht es auf der R 571 in Richtung **Kenmare** mit immer wiederkehrenden Panorama-Aussichten auf die fjordartige gleichnamige Bucht. Das ehemalige Fischerdorf wurde 1670 am Reißbrett entworfen. Die Hauptstraßen verlaufen x-förmig, das Zentrum des im Sommer sehr lebhaften 2400-Seelen-Städtchens markiert der dreieckige Marktplatz. Handgewebtes, Wollsachen und handgeklöppelte Spitzen bestimmen das Angebot in den kleinen Geschäften. In den schlechten Zeiten brachten die Nonnen aus dem Kloster Saint Clare's den Frauen in Kenmare das Spitzenklöppeln bei, um diesen eine neue Einkommensquelle aufzuzeigen. Näheres darüber erfährt man im Heritage Centre in der Touristeninformation. Ein für die Region seltener sogenannter **Druidenkreis** aus 15 Steinen mit einem Dolmen in der Mitte ist südwestlich des Square zu bewundern. Der Sinn und Zweck dieser Konstruktion ist wie so oft unbekannt – vieles ist vorstellbar, bis hin zu einer heidnischen Menschenopferstätte.

Caherdaniel ist Ausgangspunkt für Wanderungen im **Derrynane National Historic Park**, einer weitgehend intakten Dünenlandschaft. Naturlehrpfade und ein langer Strand, der zu den schönsten im Südwesten zählt, begleiten diese. Infolge von Sandanhäufungen erreicht man neuerdings die vorgelagerte Insel Abbey Island nicht nur bei Niedrigwasser trockenen Fußes. Aus deren Grün lugen die verbliebenen Giebelwände der

Kenmare
Heritage Centre, Steinkreis, Molly Gallivan's Cottage and Farm N71 N70
47 km
Caherdaniel
Derrynane-Nationalpark N70 R565
36 km
Portmagee
Kerry Cliffs, Valentia Island, Skellig Island R565 N70
16 km
Cahersiveen (Cahirsiveen)

Kenmare, ein in der Saison viel besuchter Ort

Abtei von Derrynane, die der heilige Finnan im sechsten Jahrhundert gegründet haben soll.

Vom weißen Fischerdorf **Portmagee** hat man eine tolle Sicht auf Valentia Island mit seinen sanften Hängen. Eine Brücke führt hinüber zur Insel. Ein weiter Blick über die Atlantikküste bietet sich indes vom 240 Meter hohen Bray Head aus, der Westspitze. Das Eiland machte Geschichte, als im Jahr 1858 von hier das erste Transatlantikkabel nach Neufundland verlegt wurde; doch dieses hielt dem Meerwasser nicht lange stand.

WEIT DRAUSSEN IM MEER

Erstaunlich wenig bekannt sind die spektakulären Klippen von Kerry, die südlich von Portmagee die Küste säumen. Häufig sind die **Cliffs of Kerry** weder auf den Landkarten verzeichnet noch in den Reiseführern beschrieben. Vielleicht liegt es daran, dass die zwar gerade, aber schmale Straße dorthin für Reisebusse gesperrt ist. Mit einem durchschnittlich großen Wohnmobil ist es aber kein Problem, den Parkplatz am Kassenhäuschen für die Fußgängermaut anzusteuern.

Die mit Geländer gesicherten Aussichtspunkte erreicht man nach einem zehnminütigen Spaziergang. Bei guter Sicht bietet sich von ihnen eine überwältigende Aussicht über die dunklen Höhen von Puffin Island zu den bizarren Felsennadeln auf Great Skellig und Little Skellig. Diese zwölf Kilometer entfernten Eilande sind Ziel von Bootsausflügen, die im Sommer – wenn es das Wetter

Hafen Portmagee mit der Insel Valentia im Hintergrund

Wolken verhüllen den Kilkeaveragh (371 m) südlich von Portmagee.

Abgrundtief schön: Klippen von Kerry

In Cahersiveen reihen sich Bars und kleine Läden aneinander.

erlaubt – täglich vom Hafen in Portmagee starten.

George Bernard Shaw bezeichnete die große Insel, meist **Skellig Michael** genannt, als den »unerreicht fantastischsten Felsen der Welt«. Auf ihr lebten ab dem fünften oder sechsten Jahrhundert frühchristliche Mönche koptischer Glaubensrichtung in völliger Einsamkeit. Die vermutlich im

13. Jahrhundert aufgegebenen Klostergebäude (heute UNESCO-Weltkulturerbe) mit ihren seltsamen steinernen Bienenstockhütten erheben sich auf einem Geländesattel in 150 Meter Höhe; hinauf führen 670 steile Stufen aus sorgsam geschichteten Steinplatten. Daher ist der Aufstieg für kleine Kinder oder Mobilitätseingeschränkte nicht empfehlenswert. Vom Weg aus kann man unter anderem Papageientaucher beobachten.

Tausende Basstölpel, Dreizehenmöwen, Eissturmvögel und winzige Sturmschwalben leben bevorzugt auf den geschützten Vogelfelsen von Little Skellig, welches die Boote nur umrunden dürfen. Näheres zur Natur und Geschichte vermittelt das multimediale Besucherzentrum **The Skellig Experience** an der Valentia-Brücke (www.skelligexperience.com). Die dort offerierten Fahrten beinhalten jedoch keinen Landgang auf Skellig Michael; diesen bieten allein Privatanbieter. Die Insel war nebenbei bemerkt ein Drehort in den Star-Wars-Episoden VII und VIII. Dringend notwendig bei allen Schiffstouren sind – auch bei vermeintlich schönem Wetter – warme, wasserfeste Kleidung und Schuhe mit rutschfesten Sohlen.

Spot an: Ballycarbery Castle

VORSICHT BEI EBBE

Von Ostern bis Anfang Oktober verkehrt alternativ eine Fähre zwischen Knightstown auf Valentia und dem Festland. Die Überfahrt dauert zehn Minuten. Lenker von Wohnmobilen mit langem Überhang müssen darauf achten, dass beim Befahren der Rampe bei niedrigem Wasserstand das Heck nicht aufschlägt.

Kurz nach der Ankunft erreicht man **Cahersiveen** (Cahirsiveen). Die Stadt bietet zwar nichts Aufregendes, verfügt aber über einen der bekanntesten Campingplätze im Land. Der preisgekrönte Mannix Point gefällt besonders durch seine sauberen Einrichtungen inklusive wohnzimmerähnlichem Aufenthaltsraum für spontane Musikabende am Kaminfeuer. Die Stellplätze am langen Naturstrand gewähren einen weiten Blick über die Bucht. Rechter Hand – direkt über der Uferkante – grüßen die mystisch wirkenden Überreste von **Ballycarbery Castle** (15. Jh.). Dahinter liegen die ziemlich gut erhaltenen **Ringforts** Cahergall und Leacanabuaile aus dem neunten Jahrhundert. Letzteres prangt auf einem Hügel und besitzt unter anderem eine restaurierte, 1,5 Meter hohe und 2,5 Meter dicke Außenmauer, darin eingelassene Kammern sowie eine runde Bienenstockhütte. Über die Geschichte von Cahersiveen informiert das Heritage Centre in der früheren Polizeikaserne (www.theoldbarrackscahersiveen.com).

Der kleine Ferienort **Glenbeigh** überzeugt mit seinem herrlich breiten Rosbehy-Sandstrand, der sichelförmig drei Kilometer

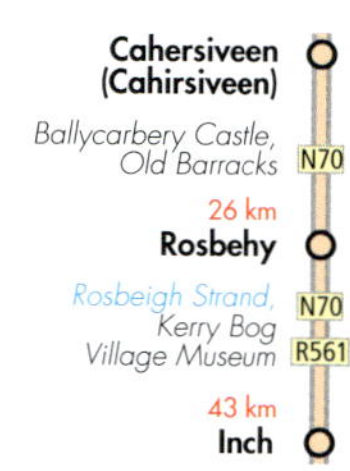

Das Leben früher – gut dokumentiert im Kerry Bog Village Museum

Je weiter man nach Westen kommt, um so enger die Straßen

weit ins Meer hineinragt. Ein kurzes Stück der N 70 folgend, entführt das Freilichtmuseum **Kerry Bog Village** mit Dorfschmiede, Wolfshunden und Ponys seine Besucher in das irische Landleben, wie es sich vor etwa 150 Jahren abspielte. Das Fahrzeug steht kostenfrei auf dem Parkplatz hinter dem original nachgebauten, reetgedeckten Gebäudeensemble (www.kerrybogvillage.ie). Gegenüber verläuft auf der Dingle-Halbinsel der ebenfalls enorm weitläufige **Inch Beach**, ein Strand, den vor allem die Wellenreiter sehr schätzen. Seine Sandfläche ist groß und fest, sodass je nach Saison auch Wohnmobile darauf parken dürfen. Direkt nebenan offeriert ein Board-Vermieter mit Surfschule seine Dienste (http://offshoresurfschool.ie).

TIERISCH GUTE SACHEN

Auf dem Weg nach **Dingle** wechseln sich sattgrüne Berghänge mit einer Handvoll weiterer Strände ab, die golden in der Sonne blinken. Die Asphaltparkplätze an den Buchten Beenbane und Doonsheane bieten die Möglichkeit eines einsamen Nachtquartiers. Berühmtester Einwohner von Dingle ist **Fungie**, ein vier Meter langer und 400 Kilo

AUSFLUG

ANTARKTIS-ATMOSPHÄRE IN ANASCAUL

Thomas Kennedy weiß einiges über die Antarktis. Er betreibt in Anascaul auf der Halbinsel Dingle das »South Pole Inn«. Sein Großvetter, der Polarfahrer Thomas Crean, erzählt Kennedy, sei 1877 im Dorf geboren und habe als junger Mann das Weite gesucht. Er nahm unter Robert Scott und Ernest Shackleton an drei Antarktisexpeditionen teil. 1920 zog es ihn wieder zurück in die Heimat, wo er sieben Jahre später den Südpol-Pub eröffnete. Er starb 1938, den Pub gibt es bis heute. Die Tresen sind aus dicken Balken und an den Wänden prangen Fotos, die von Crean und seinen Abenteuern erzählen: Schlitten ziehende Kerle etwa. Ein Bild zeigt den Helden aus zweiter Reihe mit entschlossenem Blick, Bart, Wollmütze und einer Pfeife im Mundwinkel (https://annascaul.wordpress.com/food-drink/annascauls-pubs/the-south-pole-inn).

Maritime Meile in der Touristenhochburg Dingle

schwerer Delfin, der seit 1984 regelmäßig das Flachwasser vor der Stadt durchschwimmt und den Kontakt zu den Menschen sucht. Fungie nährt eine ganze Industrie aus Bootstourenbetreibern und Souvenirverkäufern. Warum er bisweilen für einige Wochen ausbüxt und dennoch immer wieder zurückkehrt, obwohl ihn niemand füttert, können auch die Biologen nicht beantworten. Das Tier lässt sich auch vom Land aus beobachten, etwa von Beenbane Head. Ihm zu Ehren hat die Gemeinde im Hafen ein Denkmal errichtet. Empfehlenswert ist darüber hinaus ein Besuch in der **Mara Beo Dingle Oceanworld**, deren Aquarien einem die unglaubliche Schönheit der Unterwasserwelt nahebringen. Sie gelten aus Expertensicht als vorbildlich angelegt. Unter den Attraktionen befinden sich etwa ein Rochen, der sich streicheln lässt, oder ein cleverer Tintenfisch, der mit seinen Armen Schraubdeckelgläser öffnet (www.dingle-oceanworld.ie).

In Dingles Zentrum mit seinen kunterbunten Häusern geht es im Sommer ausgesprochen lebhaft zu. Boutiquen, Pubs und Fischlokale bestimmen das Bild. Es ist daher meist auch kein leichtes Unterfangen, einen freien Parkplatz für das Wohnmobil ausfindig zu machen. Die besten Chancen bestehen nicht auf den offiziellen Flächen am Marina Centre, sondern auf den Seitenstreifen an den Ortsrändern. Am Westende ist in einer blauen Lagerhalle die **Dingle Distillery** untergebracht, Irlands erste Mikro-Brennerei – ausgestattet mit nostalgischen Kupferkesseln und Holzfässern im Stil der Kneipenbrauereien. Eine gut gemachte Führung mit ausführlichen Erklärungen zu Geschichte und Herstellung von Whiskey, Wodka und

Die Farbe Blau gilt als beruhigend.

Gallarus Oratory, ein sonderbarer sakraler Schatz

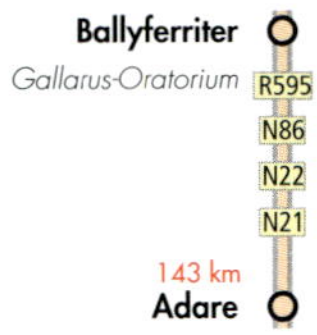

Gin machen den Besuch zu einem außergewöhnlichen Erlebnis (www.dingledistillery.ie).

PASSGENAU AUFEINANDERGESCHICHTET

In der Umgebung von **Ballyferriter** im Nordwesten der Dingle-Halbinsel – ganz in der Nähe von Oratory House Camping – gelangt man am Ende eines von Fuchsien umrahmten Spazierweges zum **Gallarus-Oratorium**, einem eigentümlichen frühchristlichen Bauwerk (6.–9. Jh.); dessen Form ähnelt einem kieloben liegenden Boot. Die Seitenwände und das Dach des Gebetshauses sind aus Natursteinen ohne Mörtel zusammengefügt.

Nach Brand wieder errichtetes Cottage in Adare

Der Innenraum ist äußerst schlicht gehalten. Es ist nicht auszuschließen, dass man die Längsbalken irgendwann stützen muss – sie haben nach über 1000 Jahren begonnen, sich durchzubiegen. Einen Kilometer nördlich verläuft der Wine-Strand, einer von mehreren feinsandigen Badestränden in der Bucht von Smerwick Harbour. Als gute Einkehradresse mit Meerblick empfiehlt sich der Pub Tigh T.P. im Nachbardorf Ballydavid.

Ein schönes Zwischenziel auf der Weiterfahrt nach Adare ist die weiße **Blennerville Windmill**. Jung und Alt loben das integrierte Museum, wo mit großer Liebe und viel Enthusiasmus Geschichte bewahrt und erzählt wird. Die Windmühle wurde 1800 gebaut und ist heute das größte, noch voll funktionierende Exemplar in Irland. Ihr offizieller Betrieb endete mit der Großen Hungersnot. **Adare** wirkt indes sehr englisch, was auf die Ortsgründung durch den Earl of Dunraven im 19. Jahrhundert zurückgeht. Der Adlige schuf sich damals ein Stück Heimat in der Grafschaft Limerick. Die reetgedeckten Cottages in der Main Street sind ein beliebtes Ziel von Reisegruppen. Leider brannten ein paar Häuser ab, die nun nach und nach wieder neu entstehen. Doch Adare besitzt auch eine deutsche Vergangenheit: Westlich der Stadt siedelten im 18. Jahrhundert Flüchtlinge aus der Pfalz, weshalb die Gegend den Namen »Palatine« erhielt.

Riesengroß:
Blennerville Windmill in
der Nähe von Tralee

Mit Bögen eingefasstes Presbyterium in der Most-Holy-Trinity-Kirche

MITTELALTER NEU INTERPRETIERT

Das Adare Heritage Centre gegenüber (ein großer Parkplatz befindet sich hinterm Haus) zeigt unter anderem mithilfe von Fotos und einem kurzen Film die Geschichte des Ortes. Auch jene, die das gründlich renovierte **Desmond Castle** besichtigen möchten – es liegt jenseits der Brücke – müssen sich hier im Besucherzentrum zur Führung anmelden. Sehenswert ist daneben die **Church of the Most Holy Trinity**, die katholische Gemeindekirche. Das Gotteshaus gehörte einst zu einer Trinitarierabtei aus dem 13. Jahrhundert, dem einzigen Kloster dieses Ordens in Irland. Der mittelalterliche Ursprung ist kaum noch zu spüren, denn die Kirche wurde im 19. Jahrhundert umfassend neu gestaltet. Ein schöner Blickfang ist der mit Säulen und Spitzbögen umrahmte Altarraum, über den sich eine mit farbigen Ornamenten bemalte Kassettendecke spannt. Zu den beliebtesten Gasthöfen im Ort gehört beispielsweise The Arches, ebenfalls in der Hauptstraße.

Mit einer umfangreichen Stadtsanierung gelang es den Verantwortlichen in **Limerick**, das Schmuddel-Image der Metropole am Shannon über Bord zu werfen. Neu angelegt

SPECIAL

DIE SACHE MIT DEN STEINKREISEN

Von den ursprünglich drei Lios-Steinkreisen, oft als Grange-Steinkreise bezeichnet, ist einer verschwunden – er störte die Bauern beim Pflügen. Der größere der beiden verbliebenen befindet sich 300 Meter westlich des Lough Gur; er wurde vor etwa 4000 Jahren errichtet.
Die Anlage besteht aus 113 Steinen mit einem Durchmesser von 47 Metern, was sie zum größten Steinkreis in Irland macht. Der nördliche Eingangsstein »Crom Dubh« – benannt nach dem keltischen Gott »Der Alte Schwarze« – ist 2,5 Meter hoch und mehr als 50 Tonnen schwer. Ein Pfostenloch im Kreiszentrum weist darauf hin, dass von hier aus gemessen wurde, was die nahezu perfekte Form erklären würde. Bei den Ausgrabungen fand man zahlreiche Scherben von neolithischem Geschirr sowie menschliche und tierische Knochen.

Adare
Desmond Castle, Trinitarian Monastery
N21
18 km
Limerick
St. Mary's Cathedral, King John's Castle, Lough Gur
Ziel

Im Gur-See stieß man auf prähistorische Schätze.

wurde unter anderem jener Bereich, wo der Abbey River in den Fluss mündet. Herausragendstes Bauwerk ist **King John's Castle**, eine ungeheuer beeindruckende Normannen-Bastion in Uferlage. Einen Höhepunkt in der **Saint Mary's Cathedral** bildet das aus Eichenholz geschnitzte Chorgestühl von 1489 – mit fein gearbeiteten Engeln und Fabelwesen.

Die Gegend südlich von Limerick war schon in der Jungsteinzeit bewohnt. Entdeckt wurde dies im 19. Jahrhundert, als man den Wasserspiegel des Lough Gur absenkte und teils 6000 Jahre alte Gräber, Menhire und Steinkreise zum Vorschein kamen. Die Umgebung des Sees bildet heute einen **Archäologie-Park**. Im Besucherzentrum sind zahlreiche Fundstücke ausgestellt, darunter die Kopie eines prachtvollen, 2700 Jahre alten Bronzeschildes (www.loughgur.com). Das Original ist im Nationalmuseum in Dublin zu bewundern.

Ausgestellte Kopie eines Bronzeschilds, das man man aus dem See barg.

PRAKTISCHE HINWEISE

TOURISTENINFORMATIONEN

Dungarvan Tourist Information Office
51 Main Street, Dungarvan, County Waterford, Tel. +353 58 41741, www.dungarvantourism.com

Youghal Visitor Centre
Market Square, Youghal, County Cork, Tel. +353 24 20170, www.youghal.ie

Cork Tourist Office
125 Saint Patrick's Street, Centre, Cork, Tel. +353 1 6057700, www.cork-guide.ie

Kinsale Tourist Information Office
Emmet Place, Kinsale, County Cork, Tel. +353 21 4772234, www.kinsale.ie

Discover Ireland Office
25 Ashe Street, Scartagh, Clonakilty, County Cork, Tel. +353 23 8833226, www.discoverireland.ie

Skibbereen Tourist Information Office
North Street, Gortnaclohy, Skibbereen, County Cork, Tel. +353 28 21489, www.skibbereen.ie

Bantry Tourist Information Office
The Old Courthouse, The Square, Bantry, County Cork,Tel. +353 27 50229, www.bantrybayport.com

Glengarriff Tourist Information Office
Glengarriff, County Cork, Tel. +353 27 6308, www.destinationbeara.ie

Kenmare Tourist Information Office
Kenmare, County Kerry, Tel. +353 64 6641233, www.kenmare.com

Valentia Island Tourist Office
No. 2 Watch House Cottages, Knightstown, Valentia Island, Tel. +353 66 9476985, www.valentiaisland.ie

Auf dem Weg zum Stellplatz auf dem Golfplatz in Castledownbere.

Camping Casey's am weiträumigen Clonea Beach

Cahersiveen Tourist Information Centre
Cahersiveen, County Kerry,
Tel. +353 66 9472589,
www.cahersiveen.com

Glenbeigh Community Center
Keelnabrack Upper, Glenbeigh,
County Kerry, Tel. +353 87 1461589,
www.glenbeigh.ie

Dingle Tourist Information Office
Dingle Road, Dingle, County Kerry,
Tel. +353 66 9151188,
www.dingle-peninsula.ie

Adare Heritage Centre
Main Street, Blackabbey, Adare,
County Limerick, Tel. +353 61 396666,
www.adareheritagecentre.ie

Limerick Tourist Information Office
20 O'Connell Street, Limerick,
Tel. +353 61 317522, www.limerick.ie

CAMPING- UND STELLPLÄTZE

S 200 **Ardmore Seaview Motorhome Park** (S. 158 C3)
R 673, Ardmore, County Waterford,
Tel. +353 86 3895755
GPS-Daten: N 51°57'24" W 07°43'41"
Das Gelände besteht aus einer großen Rasenfläche am Strandweg mit freier Sicht auf den Sandstrand. Es fasst bis zu 100 Fahrzeuge. Stromanschlüsse und Servicestation sind vorhanden, jedoch keine Mülleimer. Die Aufenthaltsdauer ist unbegrenzt. Ganzjährig.

C 201 **Casey's Caravan und Camping Park** (S. 158 C2)
Clonea-Strand, Dungarvan, County Waterford, Tel. +353 58 41919,
www.camping-ireland.ie/parks/waterford
GPS-Daten: N 52°05'42" W 07°32'46"
Casey's ist ein mit Preisen ausgezeichneter, familiengeführter Campingplatz mit direktem Zugang zum 1,6 Kilometer langen Clonea Beach, einem der größten Strände im Süden. Der Park bietet gute Einrichtungen. In der Nähe liegen drei Golfplätze, Reiterhöfe, Pubs und Restaurants. Kreditkartenzahlung ist nicht möglich. Zum Duschen und Geschirrspülen sind Jetons erforderlich. Ostern bis Anfang September.

C 202 **Jasmine Villa Caravan & Camping Park** (S. 158 A3)
N 25/E 30, Gortagousta, Carrigtwohill, County Cork, Tel. +353 21 4883234,
www.camping-ireland.ie/parks/cork/

Gastgeber seit mehr als fünf Jahrzehnten

jasmine-villa-caravan-camping-park
GPS-Daten: N 51°54'41" W 08°14'24"
Kleiner Campingplatz außerorts mit einfachen Einrichtungen nahe der Hauptstraße mit Bushaltestelle. Die Entfernung zum bekannten Fota Wildlife Park beträgt sechs Kilometer. Ganzjährig.

C 203 **Blarney Caravan & Camping Park** (S. 157 H3)
Stone View, Blarney, County Cork, Tel. +353 21 4516519, www.blarneycaravanpark.com
GPS-Daten: N 51°56'52" W 08°32'49"
Schöner Caravan-Park mit 40 Stellplätzen auf leicht abschüssigem Terrain mit Blick auf das Blarney Castle, acht Kilometer von Cork entfernt. Die Toiletten und Duschen sind zwar älter, aber sauber. Das Gelände wirkt sehr gepflegt. WLAN steht überall frei zur Verfügung. Anfang April bis Ende Oktober.

C 204 **Garrettstown House Holiday Park** (S. 157 H5)
R 604, Ballinspittle bei Kinsale, County Cork, Tel. +353 21 4778156, www.garrettstownhouse.com
GPS-Daten: N 51°39'12" W 08°35'44"
Familiengeführter Campingplatz auf dem Grundstück eines Herrenhauses aus dem 18. Jahrhundert mit separatem Paare- und Erwachsenenbereich. Spielplätze und Kinderanimation gehören ebenfalls zum Angebot. Anfang Mai bis Mitte September.

C 205 **Sexton's Caravan & Camping Park** (S. 157 G5)
R 600, Clonakilty Road, Timoleague, County Cork, Tel. +353 23 8846347, www.sextonscamping.com
GPS-Daten: N 51°38'05" W 08°48'05"
Der Platz liegt sehr ruhig auf einer Anhöhe zwischen Feldern und Weiden. Die Besitzerfamilie Sexton zeigt sich seit 50 Jahren ihren Gästen gegenüber sehr engagiert. Sanitäranlagen und Aufenthaltsraum sind in den weiß getünchten Wirtschafts-gebäuden des ehemaligen Bauernhofs untergebracht. Die Straße nach Timoleague ist eng und sehr unübersichtlich – und daher für Radfahrer und Fußgänger nicht zu empfehlen. Mitte März bis Ende September.

C 206 **Desert House Caravan & Camping Park** (S. 157 G5) Ring Road, Clonakilty, County Cork, Tel. +353 86 2679650, www.deserthousecamping.ie
GPS-Daten: N 51°37'18" W 08°52'38"
Kleine Anlage mit 20 Parzellen auf bewirtschafteter Milchfarm mit Blick auf die Bucht von Clonakilty. Im Caravan-Bereich

verhindert jedoch eine Hecke die direkte Sicht aufs Meer. Die Kinder dürfen beim Melken der Kühe zuschauen. Es gibt eine Kochgelegenheit. Wassersport, Reiten, Vogelbeobachtung, Golf und Angeln sind die beliebtesten Aktivitäten. Das Zentrum befindet sich zehn Gehminuten entfernt. Anfang Mai bis Ende Oktober.

C 207 The Meadow Camping Park
(S. 157 F5)
R 597, Drombeg, Glandore, County Cork,
Tel. +353 28 33280, www.camping-ireland.ie
GPS-Daten: N 51°33'59" W 09°05'47"
Der etwas außerhalb vom Küstendorf Glandore gelegene Campingplatz wurde mit drei Umweltpreisen ausgezeichnet. Auf dem Gelände ist die Nutzung von Fahrrädern, Skateboards und Rollern sowie Fußballspielen untersagt. Ein kurzer Spaziergang führt zum berühmten Drombeg Stone Circle. Angeln, Bootstouren und Walbeobachtungen sind bei den Gästen besonders beliebt. Anfang Mai bis Mitte September.

C 208 The Hideaway Camping & Caravan Park (S. 157 E6)
Castletownshend Road, Skibbereen (An Sciobairin), County Cork,
Tel. +353 28 22254, www.camping-ireland.ie
GPS-Daten: N 51°32'31" W 09°15'38"
Gepflegter Rasen, niedrige Hecken, kein Schatten und ein großer Spielplatz kennzeichnen diese mittelgroße Anlage mit 60 Parzellen. Die Toiletten und Duschen sind in gutem Zustand. Zur Ausstattung gehören unter anderem Waschmaschinen und Trockner. Ostern bis Mitte September.

C 209 Barley Cove Holiday Park
(S. 156 D6)
Crookhaven, Skibbereen, County Cork,
Tel. +353 87 2277207,
www.barleycoveholidaypark.ie
GPS-Daten: N 51°27'51 W 09°45'23"
Dieser große Caravan-Park liegt ganz in der Nähe von schönen Sandstränden, welche die Halbinsel Mizen säumen – wie etwa dem Cockle-Strand mit Blick auf den Hafen von Crookhaven. Das Gelände ist durchweg

Tigh Pub (rechts im Bild) in Baile na nGall, betrieben von Oratory House Camping

schattenlos, die Parzellen sind jedoch sehr großzügig bemessen. Ende Mai bis Mitte September.

C 210 Eagle Point Camping
(S. 157 E5)
Ballylickey, Bantry, West Cork,
Tel. +353 27 50630,
www.eaglepointcamping.com
GPS-Daten: N 51°43'12" W 09°26'59"
Die Plätze für Wohnmobile liegen direkt am Wasser. Es gibt auf dem weitläufigen Gelände mit 105 Parzellen nur ein Sanitärgebäude, was häufig lange Wege mit sich bringt. Zur Ausstattung zählen beispielsweise ein Tennisplatz und ein Bootsslip. Am Parkeingang befinden sich ein Laden und eine Tankstelle. Mitte April bis Mitte September.

C 211 Glengarriff Caravan & Camping Park
(S. 156 D4)
Castletownbere Road, Glengarriff,
County Cork, Tel. +353 27 63154,
www.camping-ireland.ie
GPS-Daten: N 51°44'11" W 09°33'33"
Das ruhig gelegene, parkähnliche Anwesen mit 90 Stellplätzen wartet mit einem frisch renovierten Sanitärbereich auf. Im eigenen Pub finden regelmäßig Live-Auftritte statt, am Wochenende bietet er auch Speisen an. Kinder lieben den schönen Spielplatz. Mitte März bis Ende Oktober.

S 212 Berehaven Golf Club
(S. 156 C5)
Millcove, Filane West, Castletownbere,
County Cork, Tel. +353 27 70700,
www.berehavengolf.com
GPS-Daten: N 51°39'15" W 09°51'38"
Der Wohnmobilstellplatz am Clubhaus bietet acht ebene Parzellen auf Schotter mit weitem Ausblick auf die Bucht von Bantry und Bere Island. Seine Ausstattung umfasst Stromanschlüsse, Sanitärhäuschen mit Ausguss für Kassetten-Toiletten und Abfallentsorgung. Ganzjährig.

Stellplatz Berehaven Golf Club mit Sicht auf die Insel Bere

Oldtimer-Bus auf Mannix Point Camping, einem der renommiertesten Plätze im Land

S 213 **Eyeries Motorhome Park** (S. 156 C5)
Eyeries, Beara Peninsula, County Cork, Tel. +353 86 2208743
GPS-Daten: N 51°41'34" W 09°57'20"
Privater Stellplatz mit Serviceeinrichtungen für 18 Wohnmobile und schönem Café in Ortsnähe. Das Dorf ist für seine außergewöhnlich bunten Häuser bekannt. Ganzjährig.

C 214 **Creveen Lodge Caravan and Camping Park** (S. 156 D4)
Healy Pass Road, Lauragh, County Kerry, Tel. +353 64 6683131, www.creveenlodge.com
GPS-Daten: N 51°45'19" W 09°45'44"
Der kleine Familienbetrieb punktet vor allem durch seine schöne Aussicht auf die Berge, welche die Halbinsel Beara durchziehen. Derreen Gardens, Lake Glanmore und Healy Pass sind in zehn Fahrminuten erreichbar. Der Platz verfügt über eine Gemeinschaftsküche mit Herd, Backofen, Kühlschrank und Mikrowelle.
Anfang April bis Ende September.

S 215 **Goosey Island Motor Home Park** (S. 156 C4)
Church Street, Sneem, County Kerry, Tel. +353 87 6710106
GPS-Daten: N 51°50'15" W 09°54'01"
Der Stellplatz liegt idyllisch an einem Flüsschen. Die Gebühr ist in Dan Murphy's Pub zu entrichten. Der Fußweg ins Zentrum beträgt nur wenige Minuten. In der Nähe gibt es mehrere weitere Lokale mit Livemusik. Anfang Mai bis Ende Oktober.

C 216 **Wave Crest Caravan & Camping Park** (S. 156 C4)
Ring of Kerry, Caherdaniel (Cathair Dónall), Tel. +353 66 9475188, www.wavecrestcamping.com
GPS-Daten: N 51°45'32" W 10°05'28"
Sehr sauberer ruhiger Campingplatz am Ring of Kerry mit schönen, befestigten Stellplätzen für Wohnmobile. Shop und Café befinden sich vor Ort. Anfang Mai bis Ende Oktober.

Westlichster Campingplatz Europas: Oratory House auf der Halbinsel Dingle

C 217 Mortimer's Mannix Point Camping & Caravan Park (S. 156 B3)
Ring of Kerry, Cahersiveen (Cathair Saidhbhín), Tel. +353 66 9472806, www.campinginkerry.com
GPS-Daten: N 51°56'34" W 10°14'37"
Mortimer Moriarty – sein vollständiger gälischer Name lautet Muircheartach Seosamh Breandan Ó Muircheartaigh – führt seinen Campingplatz seit 1984 mit sehr viel Herzblut. Die Anlage erstreckt sich direkt am etwa 500 Meter langen Naturstrand und gewährt einen prächtigen Blick auf die Inseln Valentia und Beginish. Sie erhielt viele Auszeichnungen. Die Küche ist voll ausgestattet, der Aufenthaltsraum gemütlich eingerichtet. Ende März bis Mitte September.

C 218 Oratory House Camping and Caravan Site (Campail Teach an Aragail)
(S. 156 B2)
Dingle Peninsula, Gallarus bei Ballydavid, County Kerry, Tel. +353 66 9155143, www.camping-ireland.ie
GPS-Daten: N 52°10'23" W 10°21'21"
Europas westlichsten Campingplatz erreicht man am bequemsten, wenn man ab Dingle der Beschilderung folgt. Die anderen möglichen Wege sind sehr schmal. Der Besitzer kümmert sich sehr um seine Gäste, er weiß auch viel über die Gegend zu erzählen. Spazierwege führen zum Gallarus-Oratorium. Die Familie betreibt auch einen Pub mit Restaurant im drei Kilometer entfernten Fischerdorf Baile na nGall. April bis Ende September.

S 219 Parking Coumeenoole Beach
(S. 156 B2)
Slea Head, Coumeenoole, County Kerry
GPS-Daten: N 52°06'37" W 10°27'54"
Dieser Parkplatz am westlichsten Punkt Europas bietet einen fantastischen Meerblick und wird auch gerne als einmaliges Nachtquartier genutzt. Der Boden ist asphaltiert und sehr schräg. Ganzjährig.

S 220 Anchor Caravan Park
(S. 156 C1)
Aughacasla, Castlegregory, County Kerry, Tel. +353 66 7139157, www.anchorcaravanpark.com
GPS-Daten: N 52°14'38" W 09°59'08"
Gut geführte Anlage mit geschotterten

Stellplatzbuchten direkt am naturbelassenen langen Sandstrand. Anfang Mai bis Ende Oktober.

C 221 **Curraghchase Caravan & Camping Park** (S. 153 G5)
Curraghchase Forest Park, Kilcornan, County Limerick, Tel. +353 61 396349, www.curraghchasecaravanpark.ie
GPS-Daten: N 52°37'05" W 08°52'47"
Der Campingplatz – betrieben von einem engagierten jungen Mann – erstreckt sich in einem abgelegenen großen Waldstück mit wunderschönen alten Bäumen. Spazierwege führen zu kleinen Teichen. Zum Natur-Ambiente passt, dass die Duschen aus Holz errichtet sind. Anfang Mai bis Ende Oktober.

S 222 **Wohnmobilstellplatz Askeaton Pool & Leisure** (S. 153 F5)
The Quay, Askeaton, Munster, County Limerick, Tel. +353 61 392570, http://askeaton.coralleisure.ie
GPS-Daten: N 52°36'10" W 08°58'30"
Stellplatz mit Ver- und Entsorgung auf gemischtem Parkplatz an einem Hallenbad mit Fitnessstudio. Das Geräusch der Ventilatoren im Gebäude beeinträchtigt mitunter die Nachtruhe. Ein Mülleimer ist ebenfalls vorhanden. Die Aufenthaltsdauer ist auf 24 Stunden begrenzt. Ganzjährig.

C 223 **Adare Camping – Caravan & Motorhome Park** (S. 153 G6)
Drehidtrasna, Adare, County Limerick, Tel. +353 61 395376, www.adarecamping.com
GPS-Daten: N 52°32'19" W 08°47'35"
Außerordentlich ruhig gelegener Platz mit 28 Parzellen zwischen Wiesen und Feldern, den insbesondere Hundebesitzer sehr schätzen. Hohe Hecken schützen vor allzu heftigen Winden. Die Einrichtungen sind zwar einfach, aber sauber und gepflegt – auf Anfrage ist ein Bad im Whirlpool möglich. Mitte März bis Anfang Oktober.

Viel Platz zum Spielen bietet Adare Camping.

3 IRLANDS ZERFRANSTER WESTEN: BERGE, BUCHTEN UND MEE(H)R

Über Achill Island, Schauplatz von Bölls *Irischem Tagebuch*, an die Sligo Bay

Küsten im Wind: Viel Wasser, Steilklippen und fast immer eine scharfe Brise begleiten die Wohnmobil-Reisenden vom Burren über Connemara und Achill Island nach Rosses Point. Dieser Abschnitt des Wild Atlantic Way führt durch Clare, Galway und Mayo. Zwischen dem Gestein der Burren-Fläche gedeihen Pflanzen, die man hier nicht vermuten würde, wie Sonnenröschen, Thymian und wilde Orchideen. Connemara gilt als Synonym für einsame Moor- und Berglandschaften, reich an Heiligenlegenden und Piratengeschichten. Die Grafschaft Mayo mit ihren vielen Inseln ist ebenfalls äußerst dünn besiedelt. Eine Ausnahme bildet Westport – die lebensfrohe Stadt glänzt wie ein Schmuckstück in der Ödnis.

Doolin – weit mehr als eine Durchreisestation

Michel Russell (1915–1994) ist in Folk-Kreisen unvergessen. Der begnadete Flötist begann seine Karriere in seinem Heimatort **Doolin**, wo er ab den 1970er-Jahren mit seinen zwei Brüdern bisweilen Abend für Abend im O'Connor's Pub in der Fisher Street auftrat. Das Küstendorf entwickelte sich hierauf zu einem wichtigen Brennpunkt der traditionellen irischen Musik. Deren Anhänger pilgern immer noch in Scharen in das Kultlokal, wenngleich es modernisiert und vergrößert wurde – und dadurch der Charme der frühen Jahre verloren ging. Manche bevorzugen den McGann's Pub in der Hauptstraße mit gutem Essen und täglichen Livekonzerten im Sommer. Doch Doolin und Umgebung punkten nicht nur mit geselligem gälischen Lebensgefühl, sondern auch mit einer Reihe von Naturattraktionen: angefangen bei den spektakulären **Cliffs of Moher** über die vorgelagerten Aran-Inseln bis zur Tropfsteinhöhle Doolin Cave. Eine prima Basis für die Ausflüge vor Ort bildet der große, freundliche Nagles Camping & Caravan Park direkt am Pier.

SPEKTAKULÄRES LANDSCHAFTSERLEBNIS

Südlich von Campingplatz und Hafen beginnen die bekannten Klippen, die bis zu 214 Meter tief ins Meer stürzen; imposant auch ihre Ausdehnung: Sie beträgt mehr als acht Kilometer. Der Anblick der Felsen fasziniert bei jedem Wetter – auch dann, wenn Nebelfetzen an den fast senkrechten Wänden aus Sandstein und Schiefer entlangwabern. In den Nischen nisten Trottellummen und andere Seevögel. Näheres zur Fauna, Flora und Geologie in dieser rauen Gegend erfahren interessierte Gäste im multimedialen Besucherzentrum bei Liscannor. Es dient auch als Ausgangspunkt für eine Wanderung zum **Hag's Head** (Gehzeit ca. 1 Std.); dort genießt man ein Traumpanorama, das bei klarer Sicht hinüber zu den genannten Inseln, nach Kerry und Connemara reicht.

Am höchsten Punkt ließ 1835 der spleenige Landbesitzer Sir Cornelius O'Brien für seine Gäste einen Beobachtungsturm errichten. Man munkelte damals, dass er damit vor allem jenen Damen imponieren wollte, die sein Herz entflammt hatten – der Schwerenöter lud diese oft dorthin zum Tee ein. Der **O'Brien's Tower** ist zwar heute gegen ein Eintrittsgeld für jedermann zugänglich, doch die Zinnen der Mauerkrone schränken die Sicht deutlich ein. Daneben verhindern die

ROUTE 3

START- UND ENDPUNKT
Doolin und Rosses Point

STRECKENLÄNGE
427 Kilometer

FAHRZEIT
mind. 7 Tage

Irischer Hausesel: Ikone des früheren Landlebens

Steine prägen Doolins Küste nördlich der Moher-Klippen.

Geländer entlang der Felsen den Blick in den Abgrund.

Die Cliffs bilden die Abbruchkante des **Burren**. Diese steinige Hochfläche wirkt auf den ersten Blick ziemlich lebensfeindlich; doch bei genauem Hinsehen entdeckt man in den Karstplatten mal mehr oder minder schmale, bewachsene Risse, die das Regenwasser aufnehmen und speichern – und die Pflanzen darin vor dem salzhaltigen Wind schützen. Die Spalten bieten ideale Wachstumsbedingungen sowohl für die nordischen Arten wie Silberwurz als auch die wärmeliebenden wie Sonnenröschen – einschließlich Orchideen und mediterrane Küchenkräuter.

Noch zwei Kilometer, dann ist Nagel's Camping erreicht.

MOSAIK AUS GRAUEM STEIN

Vom Doolin-Pier starten zum einen Ausflugsboote zu den Klippen, zum anderen Fähren nach Inisheer oder Inishmor, die am häufigsten besuchten **Aran-Inseln**. Der Mini-Archipel bildet geologisch betrachtet eine Fortsetzung des Burren-Plateaus. Ihn überzieht ein Netz aus lose geschichteten Mauern, die verhindern sollen, dass der Wind die dünne Erdschicht wegweht. Dieser und der Rhythmus des Meeres bestimmen das Inselleben. Recht ursprünglich wirkt **Inisheer** mit ihren nur rund 250 Bewohnern. Von den Resten der alten O'Brien-Burg (15. Jh.), der höchsten Stelle, wandert der Blick über die zahlreichen Kirchenruinen hinunter zu den türkisfarbenen Buchten. Die beiden wichtigsten Sehenswürdigkeiten von **Inishmor**, wo etwa 1000 Menschen leben, sind Dún

Die Cliffs of Moher (im Hintergrund) zählen zu den spektakulärsten Naturattraktionen auf der Insel.

Aengus und Dún Dúchathair – Steinforts, datiert aus der Zeit um 600 vor Christus. Wieder auf dem Festland, bietet sich eine Besichtigung der Tropfsteinhöhle in Doolin-Roadford an, die mit einem sieben Meter langen Riesenstalaktiten aufwartet (www.doolincave.ie).

Galway mit annähernd 80 000 Einwohnern ist die größte Stadt im Westen. Sie ist berühmt für ihr kosmopolitisches Flair, ausgehend von den vielen Studenten und einer außerordentlich aktiven Festivalszene. Die Gebühren auf dem zentrumsnahen Wohnmobilstellplatz im Hafen (Aufenthalt max. 24 Std; N 53°16'09" W 09°03'02") sind recht hoch – als Alternative empfiehlt sich der Salthill Caravan Park am Westende der Stadt mit guter Verkehrsanbindung im Halbstundentakt.

Galway entstand aus einem früheren Fischerdorf am Claddagh Quay, woran nur noch ein paar »Galway Hookers« erinnern, die traditionellen Fangsegler. Über der Altstadt ragt die imposante Kuppel der **Saint Nicholas' Church** – in ihr soll 1477 Christoph Kolumbus gebetet haben. Die Fußgängerzone besticht mit vielen kleinen, teils urtümlichen Läden und Boutiquen. Den Festka-

AUSFLUG

KALT ODER HEISS GERÄUCHERT?

Irland-Reisenden, die schon immer wissen wollten, was guten Räucherlachs auszeichnet, sei ein Besuch im Burren Smokehouse in Lisdoonvarna ans Herz gelegt. Birgitta Curtin und ihr Team zeigen dort, wie der Fisch mit Salz und Rauch zu einer Delikatesse heranreift. Sie betonen, dass das Räuchern über echtem Feuer und Rauch handwerkliches Geschick erfordert – und dass es sich lohnt, diese Tradition zu erhalten.

Der Ruf des guten Geschmackes ihrer Produkte ist bis in die höchsten Kreise vorgedrungen: Serviert wurde der Bio-Lachs unter anderem bei einem Staatsdinner mit Queen Elizabeth im Dublin Castle. Wem die Kostproben im Show Room nicht genügen, bestellt etwa »Warm smoked salmon on mashed potatoes« im dazugehörigen Pub The Roadside Tavern – mit Brauerei und Livemusik (www.burrensmokehouse.com).

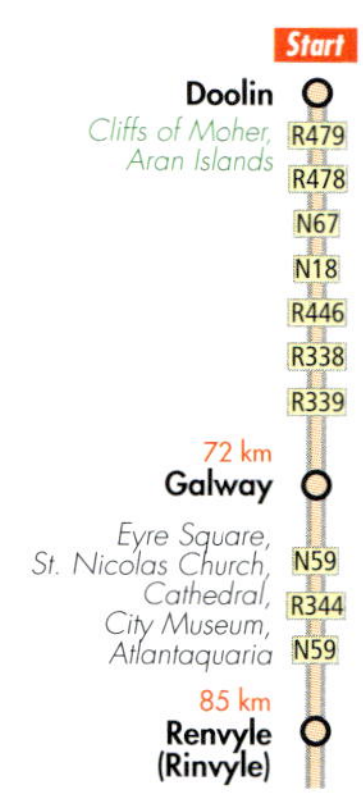

Ebenfalls am Weg: Connemara Heritage & History Centre

lender dominieren Veranstaltungen in den Sparten Literatur, Kunst und Film. Über die Grenzen bekannt ist die jährlich stattfindende Pferderennsportwoche, die immer am letzten Montag im Juli beginnt; die Anfänge dieses Ereignisses sollen bis in das 13. Jahrhundert zurückreichen. Der Vorort Salthill

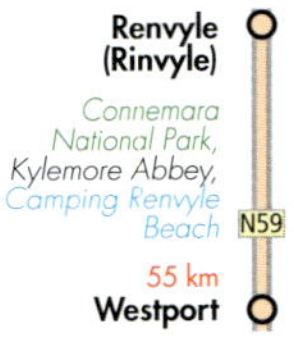

Traditionelles irisches Frühstück in einem Pub in Westport

gefällt durch seine gemütlichen Pubs und das besonders bei Familien mit Kindern beliebte Meerwasserbecken **Galway Atlantaquaria** (www.nationalaquarium.ie).

MIT DER NATUR AUF DU UND DU

Ein schöner Abstecher führt auf die dünn besiedelte Halbinsel **Renvyle** (oder Rinvyle). Das Gelände von Camping Renvyle Beach verläuft leicht erhöht über dem Sandstrand, weshalb sich hier oft fantastische Sonnenuntergänge beobachten lassen. Im Süden erheben sich die Twelve Bens, auch Twelve Pins genannt, ein Gebirgszug mit bis zu 730 Meter hohen Felskämmen aus Quarzit. Auf die Grate wagen sich nur erfahrene, gut ausgerüstete Kletterer.

Die Berge sind Teil des über 2000 Hektar großen **Connemara-Nationalparks**. Das Besucherzentrum in Letterfrack an der Abzweigung nach Renvyle informiert in Ausstellungen und Filmvorführungen unter anderem über die botanischen Besonderheiten. Hierzu gehören etwa seltene Torf- und Heidepflanzen. Ausschließlich im Connemara-Gebiet wächst die wilde, violett blühende

Irische Glockenheide. Häufig im Park vorkommende Vögel sind Nebelkrähen, Störche und Zwergfalken – sie brüten bevorzugt in den Uferzonen der eingebetteten Seen.

Lough Inagh und Derryclare Lough sind die beiden größten Gewässer. Auf der dunklen Oberfläche des kleinen Pollacappul Lough spiegeln sich die hellen, mit Mauerkränzen und Turmzinnen geschmückten Fassaden von **Kylemore Abbey**, dem Märchenschloss von Connemara. Der Großindustrielle Mitchell Henry ließ den feudalen Herrschaftssitz in der Mitte des 19. Jahrhunderts im neugotischen Fantasiestil errichten – als Liebesbeweis für seine Frau Margaret. Danach kultivierte er das Land und legte einen exotischen Garten inklusive Schutzwald an. Doch Frau und Tochter starben früh, woraufhin Henry den Besitz verkaufte. 1920 bezogen Benediktinerinnen das Anwesen und eröffneten darin ein Kloster samt Mädchenschule; sie waren im Ersten Weltkrieg aus Belgien geflohen. Heutige Besucher können unter anderem die ehemaligen Nonnenkammern besichtigen, im Restaurant speisen und Kunsthandwerkern bei der Arbeit zusehen (www.kylemoreabbey.com).

WERK EINES BERÜHMTEN STADTPLANERS

Die Hafenstadt Westport (gälisch: Cathair na Mart, dt.: »Stadt des Schlachtochsen«) mit ihren rund 6200 Einwohnern ist ein liebenswertes Beispiel für eine »Plantation Town«, eine im 18. Jahrhundert in georgianischer Bauweise am Reißbrett entworfene Handelssiedlung. Die Malls strahlen in bunten Farben, schöne Spazierwege mit Bäumen verlaufen am Carrowbeg-Ufer und alte Bogenbrücken überspannen den Fluss. Alle

Einladend: zentraler Platz Octagon in Westport

Schöne Bogenbrücke am Westport House

Gewaltige Bäume zieren den Garten rund um Westport House.

Straßen zweigen vom zentralen achteckigen Hauptplatz **Octagon** ab. Ihn ziert eine Saint-Patrick-Statue, die den Heiligen mit einer Schlange zeigt, die sich um seinen Wanderstock windet. Der Legende nach soll Patrick alle Schlangen aus Irland vertrieben haben.

John Browne, erster Earl of Altamont, beauftragte 1780 den englischen Stararchitekten James Wyatt mit der Stadtplanung. Auch die Erweiterung des Herrenhauses **Westport House** erfolgte unter dessen Regie. Die Pläne für das ursprüngliche Gebäude entwarf 1730 der deutsche Architekt Richard Cassels. Die Brownes gelten als die direkten Nachkommen der legendären Piratenkönigin Grace O'Malley, welche die Küsten von Mayo beherrschte. Von der Originaleinrichtung des Hauses ist kaum etwas vorhanden – zu sehen sind stattdessen eine umfangreiche Ahnengalerie, ein stuckverzierter Speisesaal, zahlreiche Landschaftsbilder mit Motiven aus der Umgebung und vieles mehr. Der im englischen Stil angelegte Garten lockt unter anderem mit einem Abenteuerpark für Kinder, Wasserspielen und einem großen Campingplatz.

Die Freunde der irischen Folk-Musik zieht es bevorzugt in den Pub des international

Westport
Westport House, Octagon-Platz, Pubs, heiliger Berg Croagh Patrick
N59 R319
57 km
Keel/Achill Island
Cathedral Rock Cliffs, Atlantic Drive, Keem Bay, Golden Strand
R319 N59 R311 N17 N4
149 km
Sligo

AUSFLUG

VOM HARTEN LANDLEBEN VERGANGENER TAGE

Früher war alles besser – oder etwa doch nicht? Die spätere Romantisierung des Arbeitsalltags im ländlichen Irland in der Zeit von 1850 bis 1950 ist das Thema im National Museum of Country Life in Turlough, 25 Kilometer östlich von Westport an der N5. Das Volkskundemuseum ist eine Niederlassung des Nationalmuseums in Dublin. Der Neubau verbirgt sich im Park eines Landsitzes. Die Ausstellung erstreckt sich über drei Stockwerke; man durchläuft sie von oben nach unten. Im ersten Untergeschoss erfährt man unter anderem die geschichtlichen Hintergründe, im zweiten sind die verschiedenen Bereiche vorgestellt, darunter das Leben im Haus und in der Gemeinde – und im dritten werden schließlich die einschneidenden Veränderungen nachgezeichnet, wie zum Beispiel das erste elektrische Licht (www.museum.ie/Country-Life).

bekannten Querflötisten Matt Molloy, wo fast jeden Abend hochkarätige Konzerte oder Sessions stattfinden. Südlich der Stadt ragt der 764 Meter hohe steinige Kegel des **Croagh Patrick** aus dem flachen Küstenland. Die Gipfelkapelle ist alljährlich am letzten Sonntag im Juli das Ziel einer bedeutenden Wallfahrt, die an die überlieferte 40-tägige, vom heiligen Patrick sich selbst auferlegte Buße hier auf dem Berg erinnert. Viele Gläubige erklimmen die steilen Flanken mit ihrem scharfkantigen Geröll sogar barfuß. Doch auch außerhalb der Pilgerzeit wandern viele bis auf die Spitze – allein wegen der großartigen Aussicht auf **Achill Island**.

FREIBEUTERIN MIT HERZ

Achill Island ist die größte Insel vor der irischen Küste, 20 Kilometer lang und fast genauso breit. Eine Drehbrücke verbindet sie mit dem Festland beziehungsweise der Corraun-Halbinsel. Die beiden verbindet darüber hinaus der **Atlantic Drive**, ein besonders spektakulärer Abschnitt am Wild Atlantic Way. Die Strecke führt zunächst in das Dorf Cloughmore an der Südspitze mit dem Granuaile's Tower (16. Jh.) neben der Mole, in dem zeitweise die erwähnte Grace O'Malley wohnte. Die furchtlose Lady stand übrigens im Ruf, dass sie gegenüber den Gekaperten Milde walten ließ. Weiter geht es teils über Serpentinen hoch über der brandenden Gischt in Richtung Keel. Am Weg: zwei Übernachtungsgelegenheiten auf leicht unebenen, mitunter sehr windigen Panorama-

Grandiose Aussicht vom Nachtquartier am Atlantic Drive auf Dooega Head

Einsam wacht der Granuaile's-Turm.

Haus in Keel – der Nachbar wohnt weit weg.

parkplätzen (N 53°52‘46“ W 09°58‘08“; N 53°53‘55“ W 09°59‘50“).

Die Streusiedlung **Keel** entwickelt sich mehr und mehr zu einem touristischen Mittelpunkt. Gründe dafür sind der kilometerlange Strand entlang der Trawmore Bay, das attraktive Campinggelände unmittelbar hinter den Dünen sowie ein paar behagliche Trink- und Speiselokale, darunter der neu eröffnete familientaugliche Pub The Amethyst Bar. Wirklich fangfrischen und gut zubereiteten Fisch serviert seit vielen Jahren das Chalet Sea Food Restaurant. Anderntags besteht im Ort die Möglichkeit, an einem Surf- oder Kajak-Kurs teilzunehmen. Auch Kletter- und Mountainbike-Touren gehören zum Angebot (www.achillsurf.com). Geführte Ausritte sind buchbar bei Calvey's Equestrian & Pony Trekking Centre (www.calveysofachill.com).

Gut besuchte Amethyst-Bar im Zentrum von Keel

Der Flecken **Keem** glänzt mit dem schönen »Golden Strand« an türkisblauen Wellen. Leider waren diese früher oft von Blut gefärbt, denn bis in die 1970er-Jahre harpunierten die Fischer in der Bucht Haie, nachdem sie den Tieren mit Netzen den Fluchtweg versperrt hatten. Vom Parkplatz in der Keem Bay führt ein Kammweg über die Cliffs of Benmore nach Achill Head, die Westspitze.

VERFALLENE KATEN UND EIN BERÜHMTES COTTAGE

An der Straße, die in den Inselnorden führt, liegt linker Hand am Fuß des Berges Slievemore (671 m) eine verlassene Siedlung, die durch Heinrich Böll in die Literaturgeschichte einging. Der Schriftsteller, der sich ab 1955 wiederholt im nahe gelegenen **Doogort** auf-

hielt, hat dem Ort in seinem »Irischen Tagebuch« ein Denkmal gesetzt. Die Folge ist, dass Sommer für Sommer Tausende »Spurensucher« durch das »Deserted Village« streifen. Die Steinhütten waren jedoch nur saisonal bewohnte Landarbeiterunterkünfte – im Gegensatz zu anderen Geisterdörfern in Irland, die ganzjährig bewohnt waren. Bölls ehemaliges Cottage in Doogort ist nicht für die Öffentlichkeit zugänglich; in ihm arbeiten heute Künstler im Rahmen von Stipendien. Goldgelb glänzt auch hier der Dorfstrand. Der unter neuer Leitung wiedereröffnete Campingplatz präsentiert sich frisch renoviert. Vom Pier verkehren Ausflugsboote zu den **Seal Caves** – Seehöhlen, in deren Umgebung sich Robben gerne auf den Felsen aalen.

An der Mündung des breiten Garavogue River breitet sich die Stadt **Sligo** aus; ihr irischer Name Sligeach bedeutet »Muschelfluss« – eine Bezeichnung, die auf dem früheren Muschelreichtum in diesem Küstenstrich beruht. Die einen empfinden den wichtigsten Ort im Nordwesten als sehr charmant, die anderen stören sich an seinen seelenlosen Neubaugebieten und ein paar weiteren weniger schönen Ecken. Zu den Hauptsehenswürdigkeiten zählt die **Bronzestatue** des Dichters William Butler Yeats.

Herrlicher Strand in Doogort, wohin es auch Böll immer wieder zog.

SPECIAL

GANZ SCHÖN GRUSELIG

Nicht nur im großen schottischen Loch Ness, sondern auch im kleinen irischen Scaheens Lough in der Nähe des Ortes Achill Sound soll ein Monster in der Tiefe umherschwimmen – und sich nur äußerst selten an der Wasseroberfläche zeigen. Zwei Einheimische schwören Stein und Bein, das Furcht einflößende Wesen 1970 gesichtet zu haben: ungefähr drei Meter lang, dicht behaart, einem Greyhound ähnelnd, aber mit einem Schafskopf versehen. Sein Gebiss glich dagegen dem eines Raubtieres. Und ja, betrunken wollen die beiden Augenzeugen damals auch nicht gewesen sein. Ein Zeitungsartikel aus jenen Tagen lässt ebenso keinen Zweifel an der Erscheinung. Oder diente der Bericht vielleicht dazu, eine Lücke im Lokalteil zu füllen?

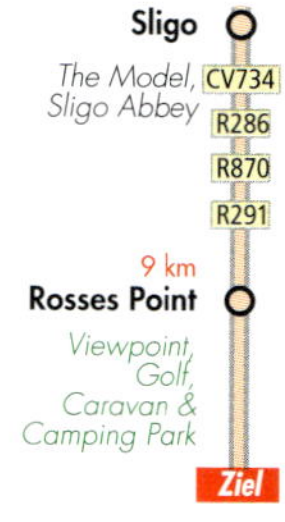

Die See vor Sligo bietet immer wieder überraschende Lichtspiele.

Sein weiter Umhang ist übersät mit Zitaten aus seinen Werken. Der Poet und sein Bruder, der Maler Jack Butler, begründen Sligos Ruhm als Kunstmetropole. »**The Model**«, ein führendes Zentrum für zeitgenössische Kunst in Irland, zeigt neben wechselnden Ausstellung mit Werken verschiedener Künstler eine Auswahl der Bilder von Jack B. Yeats. Auch das **Sligo County Museum** nördlich des Flusses dokumentiert mit dem Yeats Room und der Kunstgalerie im Obergeschoss die hohe Schaffenskraft der Brüder.

Harry's – beliebter Pub in Rosses Point

AUF KULTUR FOLGT KULINARIK

Ältestes Gebäude der Stadt ist die **Sligo Abbey** am Südufer. Der anglonormannische Adlige Maurice Fitzgerald gründete 1253 das Dominikanerkloster. Etwa 150 Jahre später brannte es nieder, wurde aber recht zügig wiederaufgebaut. Der Chor der zweischiffigen Kirche stammt teilweise noch aus der Gründungszeit, das Querschiff wurde erst im 16. Jahrhundert errichtet. Besonders beachtenswert sind das überdachte Grab des Cormack O'Crean (1506) und eine schöne Kreuzigungsgruppe (www.heritageireland.ie). Wer möchte, kann sich einer kostenlosen Stadtrundführung anschließen; sie beginnt immer um elf am Tourismusbüro (Juni–Sept., Mo–Sa; Dauer ca. 2 Std.). Genuss in uriger Pub-Atmosphäre verspricht in jedem Fall ein anschließender Besuch im behutsam renovierten, wiedereröffneten Hardagon Bros in der O'Connell Street (www.hargadons.com).

Rund zehn Kilometer nordwestlich der Stadt befindet sich an der Zufahrt zum Sligo Harbour der Ferienort **Rosses Point**, wo die Brüder Yeats sich schon erholten. Rund um die Sligo Bay locken vor allem lange Küsten-

Kleiner Leuchtturm im Meer vor Rosses Point

spaziergänge und der Golfsport. Mitten in den Fluten weist der »Iron Man«, ein überlebensgroßer metallener Matrose, mit der Hand den Schiffen den richtigen Weg. Dass die Seefahrt in diesem stürmischen Gefilde seit jeher nicht ungefährlich war, unterstreicht auch ein weiteres Monument in Rosses Point, das an die vielen trauernden Seemannswitwen erinnert. Wer sich lieber den schönen Dingen des Lebens zuwendet, wählt als Quartier den Rosses Point Caravan Park auf einem hohen Grashügel neben dem Golfareal. Fast täglich bieten sich dort den Gästen dramatisch bunte Sonnenuntergänge.

An Sligo grenzt im Osten der landschaftlich ausgesprochen schön gelegene **Lough Gill**, in dessen dunklen Fluten sich Forellen, Hechte und Lachse tummeln. Sehr lohnenswert sind Rundfahrten mit dem Schiff; sie starten in der Saison täglich – gutes Wetter vorausgesetzt – um 12.30 Uhr und 15.30 Uhr ab Parke's Castle (www.roseofinnisfree.com).

Zerfallenes Farmhaus im County Sligo

PRAKTISCHE HINWEISE

TOURISTENINFORMATIONEN

Doolin Tourism
Fisher Street, Doolin, County Clare,
www.doolin.ie

Cliffs of Moher Visitor Experience
Lislorkan North, Liscannor, County Clare,
Tel. +353 65 7086141, www.cliffsofmoher.ie

The Burren Centre
Main Street, Maryville, Kilfenora,
County Clare, Tel. +353 65 7088030,
www.theburrencentre.ie

Galway Tourist Information Office
Forster Street, Galway, Tel. +353 91 537700,
www.galwaytourism.ie

Connemara & Aran Islands
Tel. 091 39 55 00, www.connemara.ie

Kylemore Visitor Information Point
Kylemore Abbey & Walled Garden,
Pollacappul, Connemara, County Galway,
Tel. +353 95 52000,
www.kylemoreabbey.com

Tourist Information Westport
Bridge Street, Westport, County Mayo,
Tel. +353 98 25711,
www.westporttourism.com

Croagh Patrick Visitor Centre
Reek Road, Meermihil, Murrisk,
County Mayo, Tel. +353 98 64114,
www.croagh-patrick.com

Achill Island Tourist Information Office
Davitt Quarter, Achill Sound, Achill Island,
County Mayo, Tel. +353 98 20400,
www.achilltourism.com

Sligo Tourist Information
O'Connell Street, Abbeyquarter North,
Sligo, Tel. +353 71 9161201,
www.sligotourism.ie

It's Teatime: Entspannung pur auf Nagle's Camping

Nur der Ozean und du: Stellplätze auf Camping Renvyle Beach

CAMPING- UND STELLPLÄTZE

C 300 Nagles' Doolin Camping & Caravan Park (S. 153 E3)
Doolin Pier, Doolin, County Clare, Tel. +353 65 7074458, www.doolincamping.com
GPS-Daten: N 53°00'59" W 09°24'07"
Vier Hektar großes, mit Natursteinmauer eingefasstes Rasenterrain mit weitem Ausblick auf die Klippen von Moher. Die betonierten Stellplätze verfügen über Wasser-, Strom- und Abwasseranschlüsse sowie Ösen zur Sturmsicherung. Hervorzuheben sind ferner die modernen Sanitäreinrichtungen, der Spielplatz und der Minimarkt. Mitte März bis Mitte Oktober.

C 301 Salthill Caravan & Camping Park (S. 153 F1) Knocknacarra Cloosh, County Galway, Tel. +353 91 523972, www.salthillcaravanpark.com
GPS-Daten: N 53°15'25" W 09°06'18"
Der Salthill Caravan Park besteht seit mehr als 50 Jahren; er liegt direkt am Strand und bietet eine schöne Aussicht auf die Galway Bay. Ein Küstenweg für Radfahrer und Jogger führt am Campingplatz vorbei, eine Bushaltestelle befindet sich ebenfalls in der Nähe. Anfang April bis Ende September.

C 302 Clifden Campsite & Caravan Park (S. 148 A6) Westport Road, Shanakeever, Clifden, County Galway, Tel. +353 95 22150, www.clifdencamping.com
GPS-Daten: N 53°30'07" W 10°01'08"
Die großen Stellplätze verteilen sich auf mehreren Ebenen. Das Gelände liegt eingebettet in einem windgeschützten Tal am Fuße der Twelve Bens Mountains. Es gibt einen kleinen Laden. Die Sanitärräume sind einfach ausgestattet; bei den Duschen besteht keine Trennung zwischen Frauen und Männern. Anfang Mai bis Ende September.

C 303 Clifden Eco Beach Camping & Caravanning Park (S. 148 A6)
Claddaghduff Road, Clifden, County Galway, Tel. +353 95 44036, www.clifdenecocamping.ie
GPS-Daten: N 53°31'25" W 10°08'02"
Der in Sanddünen eingebettete Platz erhielt zahlreiche Umweltpreise. Die Betreiber achten sehr auf Ruhe und Sauberkeit. Das weitläufige Gelände verfügt über einen Privatstrand und bietet eine tolle Aussicht aufs Meer. Mit etwas Glück kann man in der Ferne Delfine sichten. Tauchen, Surfen und Schwimmen sind beliebte Beschäftigungen. Mitte März bis Ende Oktober.

Camping Westport House inmitten einer alten Parklandschaft

C 304 Renvyle Beach Caravan & Camping Park (S. 148 B5)
Tullybeg, Renvyle Peninsula, County Galway, Tel. +353 95 43462,
www.renvylebeachcaravanpark.com
GPS-Daten: N 53°36'11" W 09°59'05"
Wer Unterhaltung sucht, ist hier falsch. Das hügelige, weitgehend naturbelassene Wiesengelände erstreckt sich auf einer dünn besiedelten Halbinsel an einem der schönsten Strände von Connemara. Die leicht erhöhten Stellplätze gewähren einen weiten Ausblick über die Küste mit ihren vorgelagerten Inseln. Für den Zeitraum von Mitte Juli bis Mitte August werden keine Reservierungen entgegengenommen. Im Juli und August ist auch keine Aufnahme von Hunden möglich. Die Ankunft sollte bis spätestens 20.30 Uhr erfolgen. Anfang Mai bis Ende Oktober.

C 305 Connemara Caravan & Camping Park (S. 148 B5)
Lettergesh Beach, Gowlaun, Renvyle, County Galway, Tel. +353 95 43406,
www.connemaracamping.com
GPS-Daten: N 53°36'19" W 09°54'10"
Der Platz verfügt über 36 Parzellen. Er liegt an einem wunderschönen, oft menschenleeren Sandstrand, der zu langen Spaziergängen einlädt. Die Atmosphäre wirkt sehr familiär. Die Dünenplätze mit Meerblick sind für Campingbusse und Zelte reserviert. Es gibt einen Laden für das Nötigste, wo man auch einen Kaffee oder eine heiße Schokolade bekommt. Mitte April bis Ende September.

C 306 Westport House Caravan & Camping Park (S. 148 C4)
Westport, County Mayo, Tel. +353 98 27766,
www.westporthouse.ie
GPS-Daten: N 53°48'21" W 09°32'20"
Ebenes Wiesenareal mit asphaltierten Stellplätzen und Standardeinrichtung auf dem Grund eines ausgedehnten Adelssitzes. Die Duschen befinden sich an der Außenseite des Sanitärgebäudes. Im Juli und August sind keine Hunde erlaubt. Zu den Attraktionen des Anwesens zählen etwa der Besuch des Kinderfreizeitparks Pirates Adventure, eine Tretbootfahrt auf dem See oder die Besichtigung des Herrenhauses. Von diesem führt ein Weg direkt in

die Innenstadt (Gehzeit ca. 20 Min.; Fußgängertor Town Centre Gate geöffnet von 10–20 Uhr). Ostern bis Mitte September.

S 307 Wohnmobilstellplatz Hy Breasal B & B (S. 148 B3)
Saint Fionnans Road, Illanbelfarsad, Achill Sound, County Mayo, Tel. +353 98 45114
GPS-Daten: N 53°55'43" W 09°55'53"
Ganzjährig geöffneter, befestigter Stellplatz in ruhiger Lage an einer Pension für etwa 30 Fahrzeuge – auf Wunsch mit Strom. Vom B & B getrennte Gemeinschaftsküche, Toiletten, Duschen und eine rollstuhlgerechte Nasszelle runden das Angebot ab. Ein kurzer Spaziergang führt zu Pubs und Restaurants. Die Aufenthaltsdauer ist unbegrenzt.

C 308 Keel Sandybanks Caravan & Camping Park (S. 148 A3)
Keel, Achill Island, County Mayo, Tel. +353 98 43211, www.achillcamping.com
GPS-Daten: N 53°58'29" W 10°04'38"
Großes, ebenes Campinggelände mit umfassenden Dienstleistungen am weitläufigen Keel Beach. Die zentrale Lage auf Achill Island macht es zum perfekten Standort, um beispielsweise die Berge im Innern oder die Küstenstraße Atlantic Drive an der Südspitze zu erkunden. Bei guter Belegung ist ein langes Stromkabel sehr nützlich. Für Hunde besteht Leinenzwang. Check-in ist bis 22 Uhr möglich. Mitte April bis Ende September.

C 309 Achill Seal Caves Caravan & Camping (S. 148 A3)
The Strand, Doogort, Achill Island, County Mayo, Tel. +353 87 3536379, www.achillsealcaves.com
GPS-Daten: N 54°00'35" W 10°01'24"
Der Campingplatz erstreckt sich umrahmt von Bergen auf mehreren Stufen am Hang;

Keel Sandybanks: Ein Windschutz erweist sich dort als nützlich.

er befindet sich unmittelbar neben einem 1,6 Kilometer langen Sandstrand. Alle Einrichtungen sind neu, darunter ein Kinderspielplatz und eine kleine Gemeinschaftsküche. Meeresangeln ist von den nahe gelegenen Felsen und vom Pier im Ort möglich. Von diesem führen auch regelmäßig Bootsfahrten zu den Robbenhöhlen, den Inishkea Islands und den Croaghaun Cliffs an der Inselwestspitze. Auch ein Kajakpfad ist eingerichtet. Anfang April bis Ende September.

C 310 **Strandhill Caravan & Camping Park** (S. 149 F1) 12 Airport Road, Killaspugbrone, Strandhill, County Sligo, Tel. +353 71 9168111, www.sligocaravanandcamping.ie
GPS-Daten: N 54°16'21" W 08°36'23"
Strandhill Camping ist vor allem bei Surfern beliebt. Die Ausstattung ist einfach und zweckmäßig. Es gibt auf dem weitläufigen Areal nur ein Sanitärgebäude. Der Platz liegt wunderbar zwischen kilometerlangen Dünen, die zu Spaziergängen einladen. Die Gäste mit Wohnmobil können zwischen Berg- und Seeblick wählen. Die flachen, familienfreundlichen Sandstrände von Culleenamore liegen zwei Kilometer entfernt, der Strandhill Golf Club sogar nur 500 Meter. Geschäfte, Pubs und Restaurants findet man ebenfalls ganz in der Nähe. Hunde (außer Bullterrier und andere als gefährlich eingestufte Rassen) sind willkommen; sie müssen jedoch jederzeit angeleint sein. Anfang Mai bis Ende Oktober.

C 311 **Rosses Point Caravan Park (Greenlands)** (S. 149 F1)
Rosses Point Village, Rosses Point, County Sligo, Tel. +353 71 9177113, www.sligocaravanandcamping.ie
GPS-Daten: N 54°18'26" W 08°34'09"
Der Caravan & Camping Park ist ein gut eingerichteter Familienplatz mit Zugang zu zwei Sandstränden mit blauer Flagge. Er erstreckt sich zwischen den Bergen Ben Bulben und Knocknarea in einer weiten

Kaum lugt die Sonne durch die Wolken, zieht schon wieder der nächste Regen auf.

Meereslandschaft – ideal zum Wandern, Schwimmen und Angeln. Nebenan liegen der County Sligo Golf Club und der örtliche Segelclub. Rosses Point ist ein beschauliches Küstendorf mit Restaurants und Geschäften, die zu Fuß erreichbar sind. Es bestehen regelmäßige Busverbindungen nach Sligo. Anfang Mai bis Ende Oktober.

Rosses Point: Fast alle Plätze bieten einen klasse Ausblick.

Die Kühe lieben das irische Wetter; es sorgt für saftiges Gras.

4 DONEGALS NORDEN, DER WILDESTE WINKEL DER REPUBLIK

Durch Nordirland zur Rosguill-Halbinsel mit ihren einzigartigen Sandbuchten

Wir verlassen die Grafschaft Sligo in der Republik Irland und begeben uns über das weit verzweigte Erne-Seengebiet und den hochinteressanten Ulster American Folk Park auf eine spannende Schnuppertour durch Nordirland, die Nordostecke der Grünen Insel und Teil des Vereinigten Königreichs. Weitere Stationen auf dieser Tour sind die berühmte Porzellanmanufaktur in Belleek oder der bezaubernde Glenveagh National Park (wieder im County Donegal) mit seinen sehr unterschiedlichen Vegetationszonen. Einen ganz besonderen Zauber umgibt auch die Rosguill-Halbinsel zwischen den Landspitzen Horn Head und Fanad Head. Sie präsentiert sich mal rau, mal lieblich, mal verregnet, mal sonnig – in jedem Fall niemals langweilig.

Dümpelnde Boote auf der Leeseite der Halbinsel Mullaghmore

Auch wenn Classiebawn Castle in Privatbesitz ist und man es nicht besichtigen kann, gehört es wahrscheinlich zu den meistfotografierten Gebäuden in der Grafschaft Sligo. Das schlossartige, aus gelbbraunem Sandstein gebaute und mit einem spitzbedachten Erkertürmchen gekrönte Herrenhaus thront auf einem Kamm überm Meer; dieser durchschneidet die Halbinsel **Mullaghmore**. Man nähert sich dem Anwesen am besten zu Fuß auf dem »Head Coastal Trail«, einem mit roten Pfeilen ausgeschilderten Asphaltweg. Ausgangs- und Endpunkt der acht Kilometer langen Strecke ist der wohnmobiltaugliche Parkplatz an der Mole in Mullaghmore. Der Trail verläuft um die windumtoste Nordspitze mit ihren bis zu 17 Meter hohen Wellen, einem beliebten Hotspot für Big-Wave-Surfer. Der Rückmarsch erfolgt zunächst über die Klippen an der Westküste – mit Ausblick aufs Castle –, später geht es quer durch die Schafweiden zurück in den Ort.

Der Hafen mit seinen bunten Kuttern liegt geschützt auf der Ostseite. Ein großer Sandstrand schließt sich an. Still und starr ruht bisweilen auch der kleine Bunduff-See im flachen Hinterland, wobei sich seine Schilfinsel im Wasser widerspiegelt. Über Bundoran mit dem Kinder-Spaßbad Water-

ROUTE 4

START- UND ENDPUNKT
Mullaghmore und Grianán of Aileach

STRECKENLÄNGE
331 Kilometer

FAHRZEIT
6 bis 9 Tage

Feudaler Herrensitz Cassiebawn Castle

Der Lower Lough Erne, ein grünes Freizeitparadies

world ist rasch **Belleek** erreicht, der erste Ort auf nordirischem Gebiet auf dieser Route in den hohen Norden der Republik. Zwar wirkt das Städtchen etwas angestaubt, doch die am Rand des Kerns ansässige Porzellanmanufaktur – sie wurde 1857 gegründet – erweist sich als ein lohnendes Etappenziel.

DIE GESCHMÄCKER SIND VERSCHIEDEN

Viel Handarbeit erfordert die Keramikherstellung in Belleek.

Die **Belleek Pottery** zählt jährlich rund 2,5 Millionen Besucher. Das Unternehmen ist

weltweit bekannt für sein als »Parian ware« bezeichnetes, bemaltes Geschirr, das in den Anfangsjahren entwickelt wurde – in Anlehnung an den feinkörnigen weißen Parian-Marmor aus dem alten Griechenland. Die halbstündig zu den Betriebszeiten angebotenen Führungen durch die Hallen zeigen jeden einzelnen Fertigungsschritt. Die Herstellungszeit mancher Stücke beträgt bis zu drei Tage. Enorm aufwändig ist etwa die Nachbildung eines geflochtenen Obstkörbchens, einer Spezialität des Unternehmens. Zudem ist jede Schüssel, Tasse oder jeder Teller ein Unikat, weshalb die gehobenen Preise im angeschlossenen Verkaufsraum angemessen erscheinen. Man kann dort sowohl ästhetisch hochwertige als auch furchtbar kitschige Sachen erwerben, die im Allgemeinen nicht dem europäischen Geschmack entsprechen. Die Produkte richten sich vornehmlich an Kunden aus Übersee.

Mit einem Parkplatz, der eine besonders schöne Aussicht auf den riesigen Lower Lough Erne bietet, wartet der **Lough Navar Forest** auf, etwa zwölf Kilometer südöstlich von Belleek; man erreicht ihn nur auf verschlungenen Waldwegen (N 54°28'01"

W 07°54'23"). Vom »View Point« oberhalb der Cliffs of Magho schweift der Blick weit über den See bis zum Nordufer und nach Boa Island, bei klarer Sicht auch bis zur Donegal Bay im Westen. Boa ist ein lang gezogenes schmales Eiland, durch das man, ohne es bewusst wahrzunehmen, über Brücken und Dämme vom West- zum Ostufer gelangt.

RELIKTE AUS DUNKLER VERGANGENHEIT

An dieser Verbindungsstraße stehen hinter Hecken verborgen auf dem schaurig verwilderten **Caldragh-Friedhof** mysteriöse Steinmale mit spitzgesichtigen Fratzen. Eine Figur nennt man Janusfigur, wenngleich sie aus zwei Statuen besteht, die Rücken an Rücken positioniert sind. Das »Duo« soll in frühchristlicher Zeit entstanden sein und die Todes- und Kriegsgöttin Badhbh darstellen, die zu ihrer Zeit als böse und furchterregend galt. In der Nähe befindet sich der kleinere, stark verwitterte Lusty Man, der vor vielen Jahrzehnten von der Nachbarinsel Lusty More herübergebracht wurde. Lange glaubte man, dass die Figuren etwa 2000 Jahre alt seien; heute sagen Forscher, dass sie wahrscheinlich zwischen 500 bis 1000 nach Christus geschaffen wurden. Der geheimnisvolle Totenacker liegt 1,5 Kilometer von der

Drumskinny Stone Circle – die Stelen heute sind ausgegrabene Bruchstücke.

AUSFLUG

RÄTSEL ÜBER RÄTSEL

Dienten Steinkreise als Kalender, Versammlungsplätze oder waren sie Schamanenstätten? Auch der ungefähr 4000 Jahre alte Drumskinny Stone Circle, etwa elf Kilometer nordöstlich des Lower Lough Erne, liefert dazu keine Antwort. Er besteht aus 39 wiederaufgerichteten Stelen und misst 13,1 Meter im Durchmesser. Aufgrund der Tiefe der Erdlöcher, die man bei den Ausgrabungen im Jahr 1962 vorfand, ist davon auszugehen, dass die größten Steine etwa 1,80 Meter hoch waren. Gräber konnte man nicht entdecken. Lediglich eine Scherbe neolithischer Keramik, ein Hohlschaber und sechs Feuersteine traten zutage. Der Parkplatz am Gelände eignet sich im Übrigen gut für eine erholsame Rast in ländlicher Umgebung (N 54°35'06" W 07°41'24").

Alte Apotheke in Belleeks Hauptstraße

Brücke an der Westspitze Boas entfernt; er ist nur dürftig ausgeschildert.

Zu den bekanntesten frühchristlichen Zeugnissen in der Region gehören die acht, sicher nachträglich in eine Kirchenwand eingelassenen, Steinfiguren (7.–9. Jh.) auf **White Island**, einer dem Ostufer vorgelagerten Insel. Die übrigen Mauern aus dem 12. Jahrhundert sind längst verfallen oder gar ganz verschwunden. Bis heute strahlt den Betrachtern das breite Grinsen der Sheela-na-Gig entgegen, einer Frau in aufreizender Pose mit überkreuzten Beinen – mutmaßlich ein früheres Fruchtbarkeitssymbol, das man auch von anderen historischen Gebäuden in Irland kennt. Direkt daneben liest, davon unbeeindruckt, ein Heiliger in der Bibel. Auch die übrigen Darstellungen mit nicht näher zu bestimmenden Geistlichen geben keinen Hinweis darauf, welche Botschaft der Bilderzyklus vermitteln möchte. Vorstellbar ist die Verkörperung der sieben Todsünden, wobei das achte Motiv rechts – vermutlich eine unvollendete Totenmaske – aus irgendeinem Grund später hinzugefügt wurde. Eine Fähre ab der Marina Castle Archdale, die mit einem Campingplatz aufwartet, verkehrt im Sommer stündlich zur Insel.

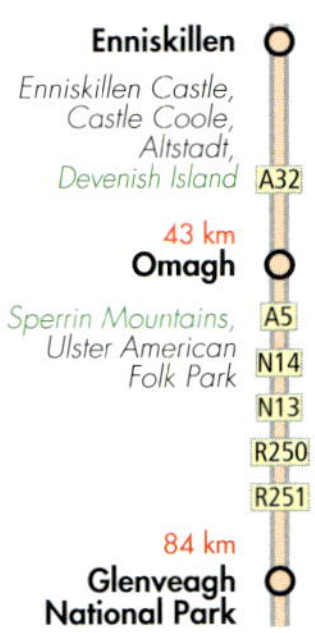

Hügellandschaft am Fuß der Sperrin Mountains

»LITERATENSCHULE« UND REGENCY-STIL

Den Mittelpunkt des Seengebiets bildet die lebhafte Kleinstadt **Enniskillen** am River Erne zwischen Lower und Upper Lough Erne. Ihr Zentrum liegt auf einer Insel. Sowohl Oscar Wilde als auch Samuel Beckett, die berühmten irischen Dichter, besuchten die Portora Royal School; sie wurde im 17. Jahrhundert gegründet. Dunkle, kunstvoll ge-

Mystischer Erne-See

schnitzte Türen aus Eiche schmücken das Rathaus. Enniskillen Castle wartet mit zwei interessanten Museen auf, ihre Schwerpunkte sind Militärwesen und Frühgeschichte. Auf Castle Coole (1798) lebten einst die Earls of Balmore – das Herrenhaus heute besticht vor allem durch seine schönen englischen Möbel.

Vor der Stadt liegt die Klosterinsel Devenish. Der heilige Molaise soll auf ihr um 565 die erste Abtei gegründet haben. Wikinger stürmten mehrmals die Gebäude. Gut erhalten sind ein schlanker Rundturm mit Spitzdach (12. Jh.) und ein außergewöhnlich gestaltetes Hochkreuz mit gotischen Stilelementen aus dem 15. Jahrhundert. Den Transfer sichern Kleinboote (www.ernewatertaxi.com).

Die zahlreichen Geschäfte im Provinzzentrum **Omagh** bieten eine gute Gelegenheit, die Proviantvorräte im Wohnmobil zu ergänzen. Im Memorial Park am Flussufer gegenüber der Innenstadt erinnert eine außergewöhnliche Installation aus Stangen mit darauf montierten Spiegeln an die Toten des Bombenattentats vom August 1998. Das reflektierte Sonnenlicht gelangt mithilfe weiterer Spiegel bis zur Hauptstraße.

Der Ort ist Ausgangsstation für Wanderungen im nahen **Gortin Glen Forest Park**, wo man viele Wildtiere, darunter Sikahirsche, beobachten kann, und in den weiter nordöstlich gelegenen **Sperrin Mountains**. Gurgelnde Bäche, urtümliche Heideflächen und Moore prägen diese bis zu 700 Meter hohe Bergkette. Auf den geschichtsträchtigen Pfaden, den Heritage Trails, ist man vor allem

Bauernhaus aus der Region Omagh – abgerissen und Stein für Stein im Ulster American Folk Park wieder aufgebaut.

Tritt ein in die gute Stube!

unter der Woche oft ganz allein unterwegs. Routenvorschläge mit Karten erhält man im An Creagán Visitor Centre in Creggan, 15 Autominuten in Richtung Osten.

RÜCKBLICK OHNE VERKLÄRUNG

Hier wohnten einst bessere Herrschaften.

Rund sieben Kilometer nördlich von Omagh breitet sich der **Ulster American Folk Park**

aus, eine der bedeutendsten Besucherattraktionen nicht nur in Nordirland, sondern auf der gesamten Insel. Einziges Thema des liebevoll arrangierten Freilichtmuseums ist die Emigration der protestantischen Bewohner aus der Provinz Ulster nach Nordamerika; diese stellten im 18. und 19. Jahrhundert die größte Gruppe unter den Auswanderern dar. Es zeigt anschaulich, weshalb so viele Menschen damals ihrer Heimat den Rücken kehrten. Den Bau des Geländes finanzierte 1976 die Pittsburgher Bankiersfamilie Mellon, deren Vorfahren die Insel aus Armut verlassen mussten. Dargestellt ist die rekonstruierte Lebenswelt um das Jahr 1800. Hühner gackern vor einräumigen Bauernkaten, in denen kinderreiche Familien in größter Enge hausten.

Stationen sind unter anderem das Mellon House, eine verrußte funktionstüchtige Schmiede, eine Weberhütte mit großem Webstuhl, eine Apotheke, ein Postamt, verschiedene Läden und ein Presbyterianer-Versammlungshaus. Des Weiteren gewähren Frauen in originalgetreuer Kleidung Einblick in ihren Haushalt. Andere backen Brot und verkaufen es an die Besucher. Ein Auswan-

Bunte Ladenzeile im Freilichtmuseum bei Omagh

derersegelschiff wartet auf neue Passagiere. Seine Kojen sind gerade 1,5 Meter mal 1,20 Meter groß; mehrere Familienmitglieder waren in ihnen zusammengepfercht. Hinter der Hafengalerie öffnet sich die »Neue Welt« in Form einer amerikanischen Stadt zwischen Mais- und Kürbisfeldern.

Man sollte für die Parkbesichtigung mindestens vier Stunden Zeit einplanen. Freunde der Country-Folk-Musik schätzen darüber hinaus das Appalachian & Bluegrass Music Festival, veranstaltet jedes Jahr Anfang September in einem Festzelt auf dem Museumsgelände.

ES GILT DAS GEDRUCKTE WORT

Die nächste nordirische Stadt am Weg ist **Strabane**, Geburtsort des Dichters Brian O'Nolan alias Flann O'Brien (1911–1966). Dieser galt als scharfer Satiriker und Meister des Wortspiels. Sehenswert sind der neue Skulpturenweg und das Museum Gray's Printing Press. In dieser ehemaligen Druckerei ging John Dunlap zur Lehre, der in Philadelphia die ersten Exemplare der Unabhängigkeitserklärung der Vereinigten Staaten druckte. Man bezeichnet das Dokument auch als die Gründungsurkunde der USA.

AUSFLUG

BURG EINES EDLEN HERRN

Wie die Annalen berichten, sollen den einheimischen Adligen Harry Avery (Éinrí Aimhréidh Ó Néill) sein hoher Gerechtigkeitssinn und seine große Gastfreundschaft ausgezeichnet haben. Beurkundet ist auch, dass er am Festtag des heiligen Brendan im Jahre 1392 starb. Da aber sonst keine weiteren Einträge existieren, geht man davon aus, dass seine Burg kein bedeutender Ort war. Deren Ruinen stehen etwas außerhalb des Dorfes Newtownstewart auf einem niedrigen Hügel, etwa sieben Kilometer nördlich vom Ulster American Folk Park entfernt. Die seltsamen, eng zusammenstehenden Zwillingstürme bildeten wohl nie zusammen eine Torbastion. Man konnte zudem nachweisen, dass Avery's Castle im ersten Stock über einen Rittersaal verfügte, wohin der Lokalfürst zu Speis und Trank einlud.

Kleine Ortschaft Church Hill am Glenveagh National Park

Auf der weiteren Strecke folgt **Letterkenny**, ein guter Ausgangspunkt für die Erkundung des **Nationalparks Glenveagh** und weiterer landschaftlicher Sehenswürdigkeiten, die Donegal, die nördlichste irische Grafschaft, bereithält. Glenveagh heißt übrigens übersetzt »Tal des Lebens«.

Der rund 17 000 Hektar große und damit der größte der sechs irischen Nationalparks umfasst die Glendowan und Derryveagh Mountains, den lang gestreckten dunklen Bergsee Lough Veagh (auch Lough Beagh) sowie das Marsch- und Sumpfgebiet Poisoned Glen. Durch ihn führen wunderbare Wanderwege. Begegnungen mit Rotwild sind nicht ausgeschlossen. In den fast kahlen Gipfelzonen gedeihen ausschließlich arktisch-alpine Gewächse, wie zum Beispiel Bärlapp oder Krautweide. Über diese und weitere Pflanzenarten sowie die Tiere im Park informiert das Besucherzentrum mit Wohnmobilparkplätzen am Nordufer des Sees. Von dort verkehrt ein Pendelbus zum vier Kilometer entfernten, direkt am Wasser gelegenen **Glenveagh Castle**.

Düstere Stimmung am Lough Veagh

HIER WÄCHST FAST ALLES

Gelb leuchtender Ginster, Moos und Birkenwäldchen begleiten den Weg zur Burg. Privatfahrzeuge sind im Naturschutzgebiet nicht zugelassen. Wer nicht wandern möchte, kann E-Bikes mieten (www.grassroutes.ie). Den 1870 entstandenen Granitbau im neugotischen Stil umrahmt indes ein fast exotisch anmutender Garten mit Pflanzen und Bäumen aus aller Welt. Der Erbauer des Adelssitzes war Lord John Adair. Man berichtet, dass er rücksichtslos 50 Pächterfamilien

vertrieb, weil die eigene Viehzucht größeren Profit versprach. Nach mehreren Besitzerwechseln und Leerständen gehört das Anwesen seit den 1970er-Jahren dem irischen Staat.

Höchster Berg der Gegend ist der 751 Meter hohe Errigal; sein spitzer Kegel erweckt je nach Blickwinkel den Anschein, als sei er auch im Sommer schneebedeckt. Verantwortlich dafür ist sein Quarzgestein, welches das Licht reflektiert und ihn hell erstrahlen lässt. Auf dem letzten Stück Weg zur Donegals Nordküste gelangt man zu einer Parkbucht mit Blick auf **Doe Castle** (irisch: Caisleán na dTuath), eine von Wasser fast gänzlich umschlossene Burg an der Sheephaven Bay. Die gut erhaltene Anlage mit vierstöckigem Wohnturm wurde im 16. Jahrhundert errichtet und diente verschiedenen Heerführern als Militärbasis, darunter Eoghan Rua Ó Néill, dem berühmten Oberhaupt der Ulster-Iren.

RAU UND HERZLICH ZUGLEICH

Ein besonders attraktiver Abschnitt des Wild Atlantic Way ist der Atlantic Drive auf der Halbinsel **Rosguill**. Die Straße windet sich entlang der fuchsienbewachsenen Küste mit weiter Sicht auf die Bucht, den Ards Forest Park gegenüber mit dem markanten, oft in Wolken gehüllten Muckish Mountain (670 m) als Krönung. Vom Aussichtsparkplatz Rosguill Peninsula schaut man fasziniert auf die Doagh Bay mit kleinem Sandstrand und den hochschießenden Meeresfontänen zwischen wellenbrechenden Felsen.

Fuchsien über Fuchsien auf Rosguill – vor der wolkenverhangenen Muckish-Mountain-Spitze

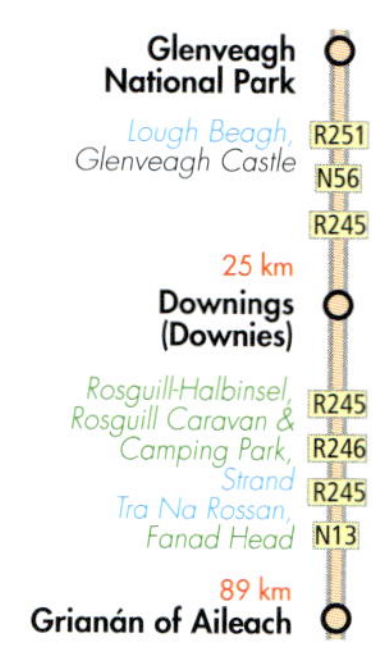

Sandfarben wie die Bucht: Doe Castle

Baden am Strand Trá na Rossan gilt als gefährlich.

Wanderer und Surfer zieht es häufig in die darauffolgende, türkisfarbene Bucht mit dem goldgelbem Doppelstrand **Trá Na Rossan**. Wegen tückischer Strömungen sollte man jedoch nicht hinausschwimmen. Die Westseite der Rosguill-Halbinsel nennen die Einheimischen »The Bottom« und die Ostseite »The Far Side«. Dort liegt in der Tat sehr abgelegen der Rosguill Caravan and Camping Park mit ebenso überwältigendem Küstenpanorama. Der Hauptort **Downings** ist jedes Jahr im Herbst ein landesweiter Treffpunkt für Thunfischangler. Daneben haben viele Künstler und Musiker ihn beziehungsweise die herbschöne Halbinsel zu ihrer inspirierenden Wahlheimat erkoren.

Herbstboten: Im August verfärben sich hier an der Nordküste die ersten Blätter.

Überall zu spüren: die erhabene mächtige Kraft des Meeres

EINE ZIEMLICH RUNDE SACHE

Der **Grianán Ailigh** (engl.: Grianán of Aileach) – sein Name bedeutet »steinerner Palast der Sonne« – ist eines der geheimnisvollsten Bauwerke im irischen Norden. Das kreisrunde Fort steht strategisch günstig auf einem Hügel (244 m) zwischen den Meerengen Lough Swilly und Lough Foyle. Ob die Kelten oder ein anderes Volk die Errichter waren, ist nicht bekannt. Eine in Fachkreisen weit verbreitete Theorie besagt, dass es sich um einen heidnischen Tempel aus der Zeit um 500 vor Christus handelt. Der Geograf Ptolemaios verzeichnete die Festung auf seiner Weltkarte (2. Jh. n. Chr.). Später kam die Legende auf, dass hier Owen, den Gründer der O'Neills-Dynastie, um das Jahr 450 vom heiligen Patrick getauft und daraufhin die Festung zum Familiensitz erhoben wurde. Das heutige Erscheinungsbild ist das Ergebnis einer Rekonstruktion von Ende des 19. Jahrhunderts. Der Durchmesser beträgt 23 Meter, die Mauer ist fünf Meter hoch, fast ebenso dick und terrassenförmig gestuft, was den Eindruck einer Arena vermittelt. Die oberste Galerie ist jedoch unterschiedlich breit. Das 1967 gebaute Gotteshaus am Fuß des Hügels wirkt sehr von der Architektur von Grianán Ailigh beeinflusst.

AUSFLUG

LICHT IN DER DUNKELHEIT

Nach rund 60 dokumentierten Havarien vor der Landspitze von Fanad Head beschloss man 1815 den Bau eines Leuchtturms. Endscheidender Auslöser war der tragische Untergang der Fregatte HMS Saldanha mit 254 Toten im Dezember 1811 vier Meilen westlich. Nach nur zwei Jahren war der weiße, 22 Meter hohe Granitbau fertiggestellt. Das Licht des Leuchtturms strahlt bis zu 30 Kilometer weit. Seine Blinkfrequenz verrät der Schiffsbesatzung, um welchen Turm es sich handelt. Seit den 1980er-Jahren ist die Technik automatisiert, heute kommen 1000 Watt starke Halogenbirnen zum Einsatz. Fanad Lighthouse ist seit wenigen Jahren für die Öffentlichkeit mit Führung zugänglich (https://fanadlighthouse.com).

PRAKTISCHE HINWEISE

TOURISTENINFORMATIONEN

Belleek Pottery Visitors Centre
3 Main Street, Belleek, County Fermanagh, Tel. +44 28 68658501, www.belleek.com

Fermanagh Lakeland Tourism
Enniskillen Castle, Enniskillen, County Fermanagh, Tel. +44 28 66325000, www.fermanaghlakelands.com

Strule Arts Centre and Omagh Tourist Information Centre
Townhall Square, Omagh, County Tyrone, Tel. +44 28 82247831, www.struleartscentre.co.uk

An Creagán Visitor Centre
Creggan, Omagh, County Tyrone, Tel. +44 28 80761112, www.an-creagan.com

Ulster American Folk Park
2 Mellon Road, Omagh, County Tyrone, Tel. +44 28 82243292, www.nmni.com/uafp

Strabane Tourist Information Centre
1 Railway Street, Strabane, County Tyrone, Tel. +44 28 71384444

Glenveagh National Park Visitor Centre
Church Hill, Letterkenny, County Donegal, Tel. +353 76 1002537, www.glenveaghnationalpark.ie

Downings Tourist Information
Downings (Downies), County Donegal, www.visitdownings.com

Letterkenny Tourist Office
Neil T Blaney Road, Ballyraine, Letterkenny, County Donegal, Tel. +353 74 9121160

Wohin des Wegs? Abzweigung auf Rosguill

Ausblick Drumhoney Holiday Park: Pferdekoppeln und steile Viehweiden

CAMPING- UND STELLPLÄTZE

C 400 Boortree Touring & Camping
(S. 145 G6) Rossnowlagh Lower, Rossnowlagh, County Donegal, Tel. +353 85 1655917, www.rossnowlaghcamping.com
GPS-Daten: N 54°33‘54“ W 08°12‘45“
Weitgehend umweltverträglich geführter Campingplatz mit 21 Parzellen mit kleinem Sanitärblock in der Nähe eines beeindruckenden Strandes – sehr gut geeignet für Surfer und Gäste, die South Donegal erkunden möchten. Die Küste ist an diesem Abschnitt sehr zerklüftet. Der Familienbetrieb besteht seit 2014. Für Buchungen im Zeitraum von Mai bis August und an Feiertagen ist telefonische Voranmeldung erwünscht. Der Mindestaufenthalt beträgt in diesen Monaten drei Nächte. Wasserrecycling und solarbetriebene Warmwasserbereitung unterstreichen den naturnahen Anspruch. Mitte März bis Oktober.

C 401 Belleek Park Caravan & Camping
(S. 145 F6) Farrannoo, Ballina, County Mayo, Tel. +353 96 71533, www.belleekpark.com
GPS-Daten: N 54°08‘04“ W 09°09‘31“
Gut eingerichteter Ganzjahresplatz, der kaum Wünsche offenlässt. Bäume umgeben das Rasengelände. Die betonierten Stellplätze sind buchtenförmig angelegt. Waschmaschinen und Trockner sind verfügbar, darüber hinaus sind Ver- und Entsorgung gewährleistet.

C 402 Lakeside Caravan & Camping Park
(S. 145 G6) Belleek Road, Ballyhanna, Ballyshannon, County Donegal, Tel. +353 71 9852822, www.lakesidecaravanandcamping.com
GPS-Daten: N 54°29‘49“ W 08°10‘21“
Der Platz erstreckt sich am Assaroe-Stausee und verfügt über große, offene Flächen, das bedeutet aber auch: wenig Schutz vor Wind. Es gibt viel Platz für die Kinder zum Spielen. Grillen ist nur am Grillplatz gestattet. Die Schnellstraße ist deutlich zu hören. Der historisch bedeutende Ort Ballyshannon liegt fünf Gehminuten entfernt. Man sagt, er sei der älteste Ort Irlands. TV- und Spielezimmer sind weitere erwähnenswerte Punkte. Haustiere sind willkommen. Mai bis Oktober.

C 403 Castle Archdale Caravan Park
(S. 146 A6) Lisnarick, County Fermanagh, Tel. +44 28 68621333, www.castlearchdale.com

Prima Schlaf- und Aussichtsplatz: Rosguill Holiday Park

GPS-Daten: N 54°28'45" W 07°43'53"
Schöner Campingplatz an einer Marina. Es gibt drei unterschiedliche Kategorien von Stellplätzen. Die Sanitäranlagen sind sehr großzügig bemessen. Zur Ausstattung gehört auch ein großer, von den Stellplätzen abgetrennter Kinderspielplatz. Weitläufige Spazier- und Radwege schließen sich an. Bar und Fastfood-Restaurant sind vorhanden. Im Hafen kann man Boote, Kajaks und Fahrräder mieten oder mit der Fähre nach White Island übersetzen. Mitte März bis Mitte September.

C 404 **Drumhoney Holiday Park**
(S. 146 A6) 12 Drumhoney Lane, Lisnarick, County Fermanagh, Tel. +44 28 68621892, www.drumhoneyholidaypark.com
GPS-Daten: N 54°27'54" W 07°41'52"
Sattgrüne Weidehügel, Pferdekoppeln und Angelseen bilden die Umgebung der vor allem von Familien sehr geschätzten Ferienanlage. Die 26 teils geneigten, betonierten Tourenplätze bieten zwar einen schönen Panoramablick, haben aber nur eine Größe von zirka 70 Quadratmetern; sie eignen sich für Fahrzeuge bis maximal acht Meter Länge. Mitte März bis Ende Oktober.

S 405 **Riverside Farm Marina & Caravan Park** (S. 150 A1)
58 Derrylin Road, Enniskillen, County Fermanagh, Tel. +44 776 8744509, www.riverside-farm.com
GPS-Daten: N 54°19'32" W 07°39'00"
2014 eröffneter, passioniert geführter Platz mit diversen Freizeitangeboten, wie Bootfahren oder Segeln, und eigenem Jachthafen, nur drei Kilometer von Enniskillen entfernt. Ein ruhiger Ort, um zu angeln oder spazieren zu gehen. Zur Einrichtung gehören unter anderem eine Servicestation und ein Kinderspielplatz. Ostern bis Ende November.

C 406 **Casey's Caravan & Camping Park**
(S. 145 H2) Lower Main Street, Downings, Letterkenny, County Donegal, Tel. +353 74 9155000, www.caseyscaravanpark.com
GPS-Daten: N 55°11'41" W 07°50'15"
Der einfach ausgestattete, von zahlreichen

Mietunterkünften geprägte Campingplatz erstreckt sich am weißen Hauptstrand des Dorfes an der Zufahrt zur Halbinsel. Mitte März bis Ende Oktober.

C 407 **Rosguill Holiday Park** (S. 146 A1)
Melmore Road, Gortnalughoge bei Downings, County Donegal,
Tel. +353 74 9155766,
www.rosguillholidaypark.com
GPS-Daten: N 55°14'01" W 07°47'44"
41 Touristenplätze zwischen fest stationierten Wohnwagen in abgeschiedener Hanglage im Osten der Rosguill Peninsula mit weitem Ausblick über die buchtenreiche Küste. Das sechs Hektar große Gelände umfasst einen Golfplatz (Kurzbahnen; kostenfreies Greenfee). Dünenpfade führen zu mehreren Stränden. Im Mini-Café sind Milchprodukte und Eiscreme erhältlich – weitere Einkehr- und Einkaufsmöglichkeiten bestehen im fünf Kilometer entfernten Downings. Ein Taxi-Service ist eingerichtet.

Ver- und Entsorgung sind gewährleistet; der Müllcontainer ist weit entfernt bei den Mobilheimen postiert. Anfang März bis Ende September.

C 408 **Knockalla Caravan & Camping Park**
(S. 146 A2) Magherawarden, Portsalon, County Donegal, Tel. +353 74 9159108,
www.knockallacaravanpark.com
GPS-Daten: N 55°10'59" W 07°36'45"
Außerordentlich gut ausgestatteter Campingplatz, der 2014 komplett renoviert wurde. Das wellige Wiesengelände befindet sich am Ostufer des Swilly-Meeresarms. Die betonierten Stellflächen verteilen sich an einem Berghang. Büsche und Bäume lockern das Gelände auf. Zur Verfügung stehen unter anderem Supermarkt, Bäckerei und Tennisplatz. Der Ballymastocker Beach, der angeblich »zweitschönste Strand der Welt«, liegt nur wenige Schritte entfernt. Pubs und einen Golfplatz findet man ebenfalls in der Nähe. Mitte März bis Ende September.

Auch auf Camping Rosguill empfiehlt sich ein Windschutz.

5 BURGRUINEN, BEEINDRUCKENDER BASALT UND EIN BOOMENDES BELFAST

Giant's Causeway, The Dark Hedges und weitere Highlights

Nordirland ist reich an skurrilen Geschichten und Landschaftsformen: Ein Orkan etwa wehte die Küche von Dunluce Castle zusammen mit ihrer Mannschaft von der Steilküste hinunter ins Meer. In Downhill erzählt man von einem Prunkbischof und der Giant's Causeway ist nach Ansicht der Geologen doch kein »Damm des Riesen«, wie der Name weismachen möchte. Aus der Old Bushmills Distillery kommt ausschließlich dreifach gebrannter Whiskey und in der Nähe des Dorfes Ballintoy erreicht man ein vorgelagertes Inselchen nur schwankenden Fußes. Die Glens of Antrim verlangen nach einer guten Wanderausrüstung – und in Belfast lockt manch schickes Viertel, dazu ein ganz außergewöhnliches Schiffsmuseum.

Fußgängerzone in Derry/Londonderry am Waterloo Place (Blick von der Stadtmauer)

Die »Stroke-City«, die »Stadt des Schrägstrichs«, wie man **Derry/Londonderry** manchmal nennt, ist mit etwa 85 000 Einwohnern die viertgrößte Inselmetropole und nach Belfast die zweitgrößte Stadt in Nordirland. Ihr ursprünglicher Name leitet sich vom altirischen »doire« für Eichenwald ab. Per Königsdekret wurde 1662 daraus Londonderry – die heute gleichberechtigte, von Protestanten und »Festlandbriten« bevorzugte Variante. Einen Hinweis darauf, wann sich erstmals am River Foyle Menschen ansiedelten, liefert eine Urkunde aus dem Jahr 546 anlässlich der Gründung des Klosters Doire durch Columban den Älteren. Der sicherlich schwärzeste Tag im letzten Jahrhundert war der 30. Januar 1972: Damals, am »Bloody Sunday«, entfachten die tödlichen Schüsse auf 14 Demonstranten den bewaffneten Nordirland-Konflikt. Erst in den 1990er-Jahren beruhigte sich die Lage.

Sichtbare Zeichen des Neubeginns sind unter anderem die 2011 eingeweihte **Peace Bridge**, eine geschwungene Fußgänger- und Radfahrerbrücke, die den Grenzfluss überspannt, und die im Folgejahr eröffneten Promenaden am Westufer. Zuvor entstanden im Zentrum mehrere elegante Einkaufstempel, dazu das **Millennium Forum**, Irlands größtes Theater- und Kongresshaus mit 1000 Sitzplätzen. Weiteren Auftrieb bescherte die Ernennung zur »Britischen Kulturhauptstadt 2013«. Gleichzeitig feierte man in jenem Jahr den 400-jährigen Baubeginn der Stadtmauern. Die restaurierten City Walls sind insgesamt etwa 1,6 Kilometer lang, bis zu neun Meter dick und zwischen vier und elf Meter hoch. Sie überstanden verschiedene Angriffe, so auch während der Belagerung durch die katholischen Truppen von Jakob II. im Sommer 1689; diese dauerte zehn Wochen und war damit die längste in der britischen Geschichte.

EINMAL RUND UM DEN KERN

Um einen guten Überblick über das Zentrum zu bekommen, sollte man den Stadtbesuch mit einem Rundgang auf dem Bollwerk beginnen. Die Aufgänge sind beschildert, für die Komplettbegehung ist ungefähr eine Stunde zu veranschlagen. Es empfiehlt sich der Einstieg über die Newmarket Street, von dort spaziert man auf der Mauer bergauf weiter in Richtung Südwesten. Nach zwei Stadttoren ist der Park an der **Saint Columb's Cathedral** erreicht. Von der Sternbastion an der Südspitze der Mauer bietet sich der beste Blick auf die große Kathedrale. Das im neugotischen Stil umgestaltete Gotteshaus ist das älteste Bauwerk innerhalb des Rings. Die ursprüngliche Kirche wurde 1633

ROUTE 5

START- UND ENDPUNKT
Derry/Londonderry und Monasterboice

STRECKENLÄNGE
361 Kilometer

FAHRZEIT
8 bis 12 Tage

Die Guildhall, das Rathaus – ein schönes Beispiel neugotischer Baukunst

nach 15 Jahren Bauzeit fertiggestellt; im Bischofsthron ist der Sessel des Bischofs Bramhall eingearbeitet, der die Weihung vornahm. Eine der wichtigsten Reliquien, die ausgestellt sind, ist die Kanonenkugel, welche die Truppen Jacobs II. abfeuerten, um die Kapitulation zu erzwingen (www.stcolumbscathedral.org).

Das preisgekrönte **Tower Museum**, eingerichtet in einem Turm aus dunklem Granit (16. Jh.), informiert multimedial aufbereitet über die Geschichte der Stadt und der Gegend von der Steinzeit bis heute. Zu den bedeutendsten Ausstellungsstücken gehört ein Boot aus dem sechsten Jahrhundert, der Zeit des heiligen Columban. Die reizenden Buntglasfenster in der **Guildhall**, dem Rathaus, erzählen ebenfalls Szenen aus der Stadtgeschichte. Das 1890 erbaute, häufig beschädigte rote Sandsteingebäude wurde in den Jahren 2010 bis 2012 umfangreich restauriert – und stellt seither ein besonders schönes Exemplar der neugotischen Baukunst dar. Gäste mit Wohnmobil parken ihr Fahrzeug am besten auf dem Seitenstreifen in der Foyle Road am Flussufer.

Magilligan Strand; er bietet unendlich viel Platz

GEHEIME SCHÄFERSTÜNDCHEN?

Die östlich von Derry beginnende Causeway Coast ist nicht nur Nordirlands schönste Küste, sondern sie zählt auch weltweit gesehen zu den schönsten. An ihr entlang verläuft die Causeway Coastal Route; sie führt unter anderem zum ausgedehnten flachen, zwölf Kilometer langen Magilligan Strand und dem Giant's Causeway mit seinen kantigen Basaltsäulen. Zwischendrin trifft man auch auf romantische Flecken: So ließ etwa 1774 der

Downhill Strand – mit dem Mussende-Tempel auf der Felskante

Bischof von Derry, der im ganzen Land als verschroben galt, über **Downhill Strand** ein monströses Herrenhaus errichten. Dessen Salonwände zierten Gemälde von Dürer, Michelangelo, Rembrandt und Tizian. Heute ragt zwar nur die düster wirkende Fassadenfront aus dem Grün, doch die eigentliche Attraktion ist sowieso seit jeher der zugehörige Mussenden-Tempel. Dieser dem römischen Vesta-Tempel nachempfundene Rundbau thront einsam auf der Klippenkante. Offiziell nutzte der Kirchenmann ihn als Bibliothek, wobei die einen sagen, er habe den Tempel zum Gedenken an seine frühzeitig verstorbene Cousine Frideswide Mussenden bauen lassen, die anderen aber behaupten, dass es diesen schon Jahre vorher gab und die beiden ihn zum Tête-à-Tête aufsuchten – und er erst später eine Bibliothek darin einrichtete. Auch soll der Bischof mit anderen Geistlichen am Downhill Strand Pferderennen veranstaltet haben. Als Preisgelder winkten, so wird behauptet, reiche Pfarreien.

Der britische Schriftsteller William Makepeace Thackeray nannte einmal den viktorianischen Badeort **Portstewart** in einem Reisebericht »komfortabel und gefällig«. Als komfortabel erweist sich auch heute der Umstand, dass man mit dem Reisemobil auf dem Strand (gegen Gebühr) parken darf.

AUSFLUG

AUF DEN SPUREN DER ALTEN MÜHLEN

Der River Roe nimmt keinen geraden Weg: Er entspringt am Glenshane Pass in den Sperrin Mountains, fließt dann ein Stück westlich, wendet sich später in Dungiven nach Norden Richtung Meer und mündet schließlich hinter Limavady in die Foyle-Bucht. Zwischen den beiden Städten, wo der Fluss eine Felsschlucht passiert, verläuft der Roe Valley Country Park mit Spazierwegen an beiden Ufern. Dieser bietet nicht nur wunderbare Naturerlebnisse, sondern er vermittelt auch ein bisschen Industriegeschichte. Hier klapperten früher die Mühlräder der Leinenweber.

Das kleine Kraftwerk von 1896 wurde renoviert. Mehr Informationen dazu liefert ein Besucherzentrum mit schöner Cafeteria (Juni–Sept. tägl. 10–17 Uhr, sonst nur am Wochenende).

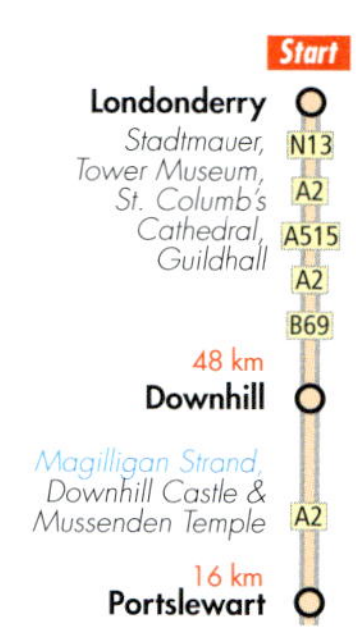

Portstewart ist eine begehrte Sommerfrische.

Der Sand ist so fest, dass auch mit einem großen Fahrzeug niemand fürchten muss, sich in ihm festzufahren. Vom feudalen Flair früher Tage ist nicht mehr viel übrig. Ort und Strand verwandeln sich im Sommer in eine Amüsiermeile mit Kirmes und Imbissbuden. Ein unverändert reizvolles Erlebnis ist jedoch ein Spaziergang auf dem Cliff Path um Portstewart: Der Weg führt vom Strand nordwärts zum Hafen und passiert das Rock Castle oben auf den Klippen, ein weißes Märchenschlösschen aus dem 19. Jahrhundert. Läuft man am Strand entlang in Richtung Süden, gelangt man nach rund drei Kilometern zur Mündung des Bann-Flusses – eine großartige Dünenlandschaft mit vielen Vögeln und Wildpflanzen.

Portslewart
Strand, Cliff Path
A2
B17
14 km
Bushmills
Dunluce Castle, Old Bushmills Distillery, Giant Causeway & Causeway Coast
B17
B147
A2
B15
15 km
Ballintoy

UNLAUTERE AUSBAUFINANZIERUNG

Östlich des benachbarten Badeorts **Portrush** erheben sich auf einem Felssporn über dem Meer die verwunschen wirkenden Ruinen von **Dunluce Castle**, eine der bekanntesten Burgen in Nordirland. Anglo-Normannen bauten im 14. Jahrhundert an dieser Stelle das erste Fort; es trug den Namen Dún Libhse (dt.: »starke Festung«). Nachdem die MacDonnells 1584 Dunluce erobert hatten, steckten die »Lords of the Isles« sehr viel Geld in die Renovierung und Erweiterung der Burg – Geld, das sie dem Schatz entnahmen, den sie nach dem Untergang der spanischen Galeone »Girona« aus deren Wrack geborgen oder besser gesagt geplündert hatten. Die Burg trotzte etlichen Angriffen und Stürmen – bis 1639, als ein besonders heftiger Sturm den Küchentrakt samt Personal ins Meer blies.

In Bushmills darf das Wohnmobil während der Besichtigung der weltbekannten **Bushmills Distillery** auf ausgewiesenen Plätzen direkt am Eingang parken. In der ältesten (legalen) noch betriebenen Destillerie der Welt (1608) lernen die Besucher nicht nur den feinen Unterschied in der Schreibweise vom lokalen Malt Whiskey und dem schottischen Malt Whisky kennen, sondern erfahren auch etwas über die Unterschiede in der Herstellung: Die schottischen Brenner trocknen die gemälzte Gerste über Torffeuer, was zum Raucharoma führt. Die nordirischen Kollegen indes trocknen in Öfen ohne Rauch und brennen den Whiskey dreimal statt nur

Innehalten am Naturwunder Giant's Causeway

zweimal wie beim Whisky üblich. Alle Bushmills-Sorten zeichnet im Übrigen ihr milde Honignote aus (www.bushmills.com).

SPANNENDES STÜCK ERDGESCHICHTE

Der erwähnte Literat Thackeray sagte spöttelnd 1842 beim Anblick der Basaltsteine am **Giant's Causeway**: »Bin ich wirklich 150 Meilen gereist, um jetzt das zu sehen?« Mit »das« meinte er das Naturwunder an der Nordküste Irlands, unweit nördlich von Bushmills – eine etwa fünf Kilometer lange Ansammlung aus annähernd 38000 gleich geformten, meist fünf- oder sechseckigen säulenartigen Steinen. Man hat lange gerätselt, wie ihre Entstehung zu erklären ist. Nein, es handelt sich nicht, wie viele früher mutmaßten, um einen versteinerten Bambuswald, sondern um heiße Lava, die aus dem Meer austrat, schlagartig abkühlte und zu den seltsamen Formen auskristallisierte. Glaubt man der Legende, so hat der hünenhafte Kriegsherr Finn McCool hier einen Brückenweg bauen wollen, um zu seiner Geliebten zu gelangen, einer Riesin auf der Hebrideninsel Staffa. Shuttlebusse verkehren sowohl vom Campingplatz als auch von verschiedenen Parkplätzen im Ort zum großen modernen Visitor Centre beziehungsweise direkt in die Hauptbucht.

An der White Park Bay mit wunderbarem Sandstrand vorbei geht es anderntags mit dem Wohnmobil weiter nach **Ballintoy**. In

Malerischer kleiner Hafen in Ballintoy

Rechts im Bild: die kleine Lachsfischerinsel Carrick-a-Rede

verkehrsarmen Stunden – etwa am frühen Sonntagmorgen – oder außerhalb der Saison kann man es sicher wagen, mit einem nicht allzu großen Fahrzeug auf die schmale, von Felsen gesäumte Straße abzubiegen, die in den malerischen Hafen des Dorfes hinunterführt – auch, wenn ein blaues Schild vorher mahnt: »Unsuitable for buses coaches motorhomes and caravans« (Ungeeignet für ...). Am Kai starten im Sommer Bootsrundfahrten nach Sheep Island, eine Felseninsel, wo viele Kormorane leben. Auch Seekajakfahrer schätzen die zerklüftete Küste um Ballintoy.

TIEF UNTEN DAS WOGENDE MEER

1,5 Kilometer östlich des Hafens spannt sich die wacklige Hängebrücke **Carrick-a-Rede Rope Bridge** 25 Meter hoch über dem Abgrund zwischen dem Festland und dem vorgelagerten Minieiland Carrick-a-Rede. Der seltsame Inselname (dt.: »Fels im Weg«) rührt von der Lachsfischerei. Die Fische schwimmen auf dem Weg zu ihren Laichgründen dicht gedrängt am Felsenufer entlang, sodass die Fischer nur kurz ihre Netze ins Wasser eintauchen müssen. Früher bauten sie jedes Jahr eine neue Überquerung.

AUSFLUG

GRÜN IST DIE HEIDE

Mit sieben mal vier Kilometer ist Rathlin die größte Insel vor der Nordostküste Nordirlands. Das L-förmige, fast baumlose Eiland zieht mit seiner urwüchsigen Heidekrautlandschaft viele Wanderer an. Höchste Erhebung ist der Slieveard mit 134 Metern. Auf Rathlin leben weitaus mehr Vögel als Menschen (die Einwohnerzahl schrumpfte von einst 1000 auf heute 100). In den Klippen an der Westspitze brüten besonders häufig Papageientaucher, Sturmvögel, Kormorane und Dreizehenmöwen. Im Südteil kann man eine Seehundkolonie beobachten. Archäologen fanden Gräber mit Skeletten aus der Bronzezeit. Die Untersuchungen legen die Vermutung nahe, dass die ersten Insulaner aus den Steppen Südrusslands einwanderten. Fährüberfahrten ab Ballycastle mehrmals täglich (www.rathlinballycastleferry.com).

Als immer mehr Touristen mitwollten, verstärkten sie die Konstruktion und kassierten Brückenmaut. Den 18 Meter langen Drahtseilsteg passiert tagtäglich ein nicht enden wollender Menschenstrom. Auf der Suche nach dem ultimativen Indiana-Jones-Abenteuer kommen mittlerweile derart viele hierher, dass die Tickets jetzt nur noch innerhalb eines festgelegten Zeitrahmens gültig sind. Der gut 15 Minuten dauernde Hinweg mit herrlichem Blick auf Sheep Island verlangt übrigens auch ein gewisses Maß an Trittsicherheit. Im Winter und im Frühjahr zur Vogelbrutzeit sowie bei starkem Wind ist das Tor zur Carrick-a-Rede Rope Bridge gesperrt.

Genauso wie die Kerry Cliffs im Südwesten der irischen Republik sind auch **The Dark Hedges** im Hinterland der nordirischen Nordküste in den meisten einschlägigen Reiseführern noch nicht erwähnt. Das verwundert insofern, als die imposante Buchenallee mit ihren verflochtenen knorrigen Ästen seit Jahren auf zahllosen Postkarten und in Bildbänden zu finden ist. Die uralten Bäume säumen eine einspurige Asphaltstraße, die zum Herrenhaus Gracehill führt. Das Befahren ist in Zeiten mit hohem Fußgängeraufkommen untersagt. Parkplätze findet man rund um das Restaurant, den Golfclub und sehr eingeschränkt am Straßenrand. Spätestens seitdem die majestätische Baumreihe in der Kultserie »Game of Thrones« als Kulisse für den »Königsweg« diente, ist sie beileibe kein Geheimtipp mehr.

Nur für Schwindelfreie: die Carrick-a-Rede Rope Bridge

The Dark Hedges, die meistfotografierte Straßenallee in Nordirland

Prunkvolle Belfaster City Hall

DIE BLÜTE WAR RASCH VORBEI

Ballycastle ist ein freundliches Hafenstädtchen, das sich in einer Senke um die Mündungen zweier Flüsse ausbreitet. Ein dichter Wald erstreckt sich vom Nordhang des Hausbergs Knocklayd (517 m) bis an den Ortsrand. Am letzten Montag und Dienstag im August findet in der Stadt »The Ould Lammas Fair« statt, Irlands ältester Viehmarkt, den einst die McDonnells ins Leben riefen. In Ballycastle eröffneten ab 1750 zahlreiche Industriebetriebe, doch der wirtschaftliche Aufschwung hielt nicht lange an: Die Kohle-, Eisenerzgruben, Brauereien, Glashütten und Seifenfabriken schlossen nach einigen Jahrzehnten wieder. Zeugnisse aus der Glanzzeit findet man in der Castle Street mit schönen Geschäftshäusern, dem Markt- und Gerichtsgebäude, errichtet zu Beginn des 19. Jahrhunderts. Das Heimatmuseum hat nur in den Schulferien geöffnet. Hafen und Sandstrand laden zu Fish 'n Chips unter freiem Himmel ein.

Die **Glens of Antrim** bestimmen sanfte Berge und waldreiche Täler. Im Herzen liegt der **Glenariff Forest Park** mit kahlen Gletscherhängen und vermoorten Hochflächen. Und wieder halfen die Beschreibungen des Poeten Thackeray, zur Entdeckung der Gegend als Erholungsgebiet beizutragen, indem er den Gebirgszug »Little Switzerland« taufte. Die Forstbehörde hat einen naturnahen Caravan Park und ein Wanderwegenetz eingerichtet. Empfehlenswert ist besonders der Waterfall Trail, eine mit einem blauen Pfeil beschilderte 5,5 Kilometer lange Strecke, die zu den Wasserfällen und vielen weiteren schönen Stellen führt. Die felsigen Schluchten beherbergen eine Vielzahl von Farnen und Moosen. Aufgrund der Artenvielfalt wurde ein Teil des Gebirges als Naturschutzgebiet ausgewiesen.

RIVALISIERENDE HAUPTSTÄDTE

Seine Gründung verdankt **Belfast** (ca. 280 000 Einwohner) seiner Lage, die bis heute im Namen steckt: »Beal feirste« heißt übersetzt sandige Furt. Diese sichere Passage über den River Lagan überwachten im Mittelalter Burgen, die zum Teil zerstört wurden. Später kamen schottische Siedler und im 17. Jahrhundert Hugenotten in die Hafen-

Ballycastle
Castle Street A2
A43
40 km
Glenariff Forest Park
Glenariff Glen, Wasserfälle A43
B94
A36
B94
B95
A8
M2
A12
55 km
Belfast
Donegal Square mit City Hall, Cathedral Quarter, Waterfront, Titanic Quarter, Titanic Belfast A24
B2
A2
48 km
Newcastle

stadt. Diese modernisierten die Leinenherstellung, was zu einem Exportboom führte. Bald hatte Belfast Dublin überflügelt, sowohl in wirtschaftlicher als auch kultureller Hinsicht. Und später im Industriezeitalter entstand die große Werft von Harland & Wolff, wo Ozeanriesen wie die Titanic vom Stapel liefen.

Zeitgleich mit der Teilung Irlands 1920 setzte aber die Wirtschaftskrise ein, die sich – abgesehen von kurzen Erholungsphasen (Kriegsschiffsbau im 2. Weltkrieg) – über Jahrzehnte hinzog. Hinzu kam, dass die katholische Bevölkerung ganz objektiv betrachtet benachteiligt wurde, indem Arbeitssuchende oft ihre protestantische Grundhaltung nachweisen mussten. Den absoluten Tiefpunkt stellten die »Troubles« mit Gewalt und Terror dar – eine Zeit, die sich niemand zurückwünscht. Längst stößt man an jeder Ecke wieder auf Glanz und Glitter: Marmorne Shopping Malls, Party- und Kunstmeilen prägen das heutige Erscheinungsbild der nordirischen Hauptstadt.

Einen Entdeckungsspaziergang wert sind die überschaubare Innenstadt, das Kathedralenviertel und das sich am anderen Flussufer nordöstlich ausbreitende einstige Werftenareal, wo nach und nach ein neues Viertel aus dem Boden wächst: das Titantic Quarter mit vielen Attraktionen. Ausgangspunkt ist häufig die **City Hall** am Donegall Square mit zahlreichen Bushaltestellen ringsum. Das Rathaus wurde um 1900 im Stil der Renaissance-Paläste errichtet. Unübersehbar ist jedoch seine viktorianische Prägung. Der

Blick vom Titanic Quarter auf Lagan Bridge und Hafenbüros

Fein tafeln im Restaurant Fish City (33 Ann Street)

Victoria Square mit Brunnen Jaffe Memorial; Jaffe war ein erfolgreicher jüdischer Leinenhändler aus Deutschland.

Victoria-Konsumtempel: alles unter einem Dach

Architekt Sir Brumwell Thomas schuf einen Prunkbau sehr zum Wohlgefallen der regierenden Oberschicht – mit vier Türmen und riesiger Kuppel. Das Rathaus-Foyer glänzt mit edlem Marmor und kathedralenartigen Buntglasfenstern; es ist frei zugänglich. Angebotene Führungen zeigen unter anderem den 50 Meter langen Bankettsaal nach Versailler Vorbild. Die nach Norden verlaufende Fußgängermeile – bestehend aus Donegall Place und Royal Avenue – bietet einen Stilmix aus Plattenbauten, mal mehr, mal minder aufgehübschten Häuserfronten und modernen Glasfassaden, wie etwa am großen Castle Court Shopping Centre. Gediegenen Einkaufsspaß verspricht auch das östlich gelegene Ladenzentrum Victoria Square. Von dessen Aussichtsplattform genießt man einen schönen Blick über Belfasts Dächer.

LEGENDÄRER LUXUSLINER

Nur ein paar Jahre älter als das Rathaus ist die **Saint Anne's Cathedral** der Church of Ireland am Nordrand der City. Verantwortlich für die Planung war Sir Thomas Drew, die Ausführung entspricht einer klassischen Basilika mit neoromanischen Elementen. Als Ausstattungshöhepunkte gelten die Mosaikdecke in der Taufkapelle aus zigtausend Glasteilchen und der »Spire of Hope« (dt.: »Turm der Hoffnung«), ein spitzer Stahlpfeil, der auf einem Glasdach weit in den Himmel ragt. Er ersetzt den Kirchturm, den man wegen des weichen Untergrundes nicht bauen konnte. Eine außerordentlich spektakuläre Attraktion der Stadt ist Titanic Belfast, ein 2012 im Hafenbereich eröffneter Ausstellungskomplex. Dessen Äußeres erinnert an

Aufregend gestaltetes Museums-Flaggschiff Titanic Belfast

den Bug des legendären Ozeandampfers. Das Innere erzählt auf vier Etagen, in acht Galerien und bei einer Gondelfahrt die Geschichte des Schiffs und den Hergang des Untergangs im Jahr 1912. Zu den weiteren Themen gehören die filmische Aufbereitung durch Hollywood und die Wrackexpeditionen. Aufgrund des häufig starken Besucherandrangs sollte man die Tickets vorbestellen (www.titanicbelfast.com)!

DEM HÖCHSTEN GIPFEL NAHE

Newcastle ist ein nach wie vor viel besuchtes Traditionsbad mit schönen Promenaden, Stränden und beheiztem Outdoor-Tropenpool im Juli und August. Ein beliebter, aber anspruchsvoller Wanderweg führt vom Donard Park am südlichen Rand zum 849 Meter hohen **Slieve Donard**, dem höchsten Gipfel in den Mourne Mountains und in Nordirland – mit der gesamten Grafschaft Down zu Füßen. An den nördlichen Hängen des Granitgebirges verläuft der Tollymore Forest Park mit gotischem Eingangstor zum Landgut (18. Jh.) mit integriertem Campingplatz. Über einen ebensolchen verfügt auch der nördlich befindliche Castlewellan Forest Park. Bootfahren, Angeln, Reiten und Wandern sind dort die Lieblingsbeschäftigungen

SPECIAL

EIN WENIG TROPEN-FEELING

In Belfasts gediegener Südstadt befinden sich die Botanic Gardens. Der im 19. Jahrhundert eröffnete und seither sehr gepflegte Garten stellt eine wunderbare Oase im städtischen Trubel dar. Vor allem, wenn es draußen ungemütlich wird, flüchten die Wärmeliebenden gerne in das historische Palmenhaus aus Glas und Gusseisen, wo stattliche Palmen zur Decke der zentralen Kuppel streben. Vögel zwitschern in den Ästen und Grillen zirpen. Zu bestaunen sind sowohl südländische Blütenträume als auch Nutzpflanzen wie Kaffeepflanzen und Zuckerrohr. Im neu renovierten Tropical Ravine House gedeihen neben schönen Wasserlilien weitere tropische Raritäten (www.belfastcity.gov.uk/parksandopenspaces).

Warrenpoint besticht mit herausgeputzten Fassaden.

Hafen Warrenpoint – die Stadt liegt im geschützten Carlingford-Arm.

der Gäste – darüber hinaus der Besuch des Friedens-Labyrinths The Peace Maze.

BILDERREICHE MONOLITHEN

Weitere Campingplätze findet man in fast allen Orten entlang der Mournes-Küstenstraße, darunter in Annalong und Kilkeel. Rostrevor mit seinen farbenfrohen Fassaden und seinem viktorianischem Gepräge gilt als schönster Ort am Fuß der Berge. Fast ebenso einladend präsentiert sich die Stadt Warrenpoint mit Jachthafen und etlichen Geschäften; wer möchte, kann hier gut seine Bordvorräte wieder auffüllen.

Die letzte Etappe hat **Monasterboice** als Ziel. Der mittelalterliche Klosterbezirk gehört zu den Hauptsehenswürdigkeiten der Insel und kommt dennoch ohne großen Rummel und Besucherzentrum aus. Die Ruinen liegen auf einem frei zugänglichen Dorffriedhof. Erhalten sind ein 33 Meter hoher Rundturm, dessen Einrichtung samt kostbaren Handschriften durch einen Brand im Jahr 1097 zerstört wurde, ferner bemerkenswerte Hochkreuze und uralte Grabplatten. Über das Alter einer Sonnenuhr streiten die Fachleute. Das gut fünf Meter hohe Muiredach's Cross (Südkreuz) schmücken rundum kunstvoll gearbeitete Reliefs. Sie stellen verschiedene Bibelszenen angefangen bei Adam und Eva dar. Das Tall Cross (Westkreuz) misst beachtliche 6,45 Meter. Doch seine Darstellungen in den 22 Feldern sind kaum noch erkennbar. Auf der Westseite lassen sich unter anderem die Gefangennahme Christi erahnen und die Himmelfahrt – auf der Westseite die Kreuzigung und die Taufe durch Johannes. Der kostenfreie Parkplatz am Friedhof bietet die Gelegenheit zu einer längeren Pause.

Monasterboice
Hochkreuze, Rundturm
Ziel

Beeindruckend: die riesigen verzierten Steinkreuze in Monasterboice

PRAKTISCHE HINWEISE

TOURISTENINFORMATIONEN

Visit Derry
44 Foyle Street, Derry/Londonderry, Tel. +44 28 71267284, www.visitderry.com

Limavady Visitor Information Centre
24 Main Street, Limavady, County Derry/Londonderry, Tel. +44 28 77760650

Coleraine Visitor Information Centre
Town Hall, 35 The Diamond, Coleraine, County Derry/Londonderry, Tel. +44 28 70344723, www.visitcausewaycoastandglens.com

Portrush Visitor Information Centre
Town Hall, 2 Kerr Street, Portrush, County Antrim, geöffnet April bis September, Tel. +44 28 70823333, www.visitcausewaycoastandglens.com

Giant's Causeway Visitor Centre
44 Causeway Road, Bushmills, County Antrim, Tel. +44 28 20731855, www.nationaltrust.org.uk/giants-causeway

Ballycastle Tourist Information Centre
Portnagree House Harbour and Marina Visitor Centre, 14 Bayview Road, Ballycastle, County Antrim, Tel. +44 28 20762024, www.visitcausewaycoastandglens.com

Visit Belfast
9 Donegall Square North, Belfast, Tel. +44 28 90246609, www.visitbelfast.com

Tourism Northern Ireland
Linum Chambers, Bedford Square, Bedford Street, Belfast, Tel. +44 28 90231221, www.tourismni.com

Newcastle Visitor Information Centre
10–14 Central Promenade, Newcastle, County Down, Tel. +44 28 43722222, www.visitmournemountains.co.uk

Der große Jachthafen in Ballycastle

Kilkeel Tourist Information Centre
19 Rooney Road, Kilkeel, Newry, County Down, Tel. +44 28 41762525

CAMPING- UND STELLPLÄTZE

C 500 Elaghvale Camping Park
(S. 146 B3) 49 Upper Galliagh Road, Derry/Londonderry, Tel. +44 7801 731815, www.elaghvalecampingpark.com
GPS-Daten: N 55°02‘44“ W 07°21‘08“
Die noch im Aufbau befindliche Anlage erstreckt sich außerhalb der Stadt auf einem Bauernhof mit Tieren inmitten einer grünen Hügellandschaft. Im Übernachtungspreis sind alle Serviceleistungen inklusive, darunter Strom, Dusche, Waschmaschine, Trockner und vieles mehr. Auch ein Grillplatz ist vorhanden. Die Stellplätze sind online buchbar – den Code für die Schranke erhält man per Mail. Speziell für große Wohnmobile stehen vier »hardstanding pitches« bereit. Hunde sind ausdrücklich willkommen. Die Gegend ist beliebt bei Reitern und Golfern. Ganzjährig.

C 501 Benone Tourist Complex
(S. 146 D2) 53 Benone Avenue, Magilligan, Limavady, County Derry/Londonderry, Tel. +44 28 77750555, www.limavady.gov.uk
GPS-Daten: N 55°09‘49“ W 06°52‘16“
Attraktives ebenes Freizeitgelände am weitläufigen Benone-Sandstrand mit dem markanten Binevenagh-Bergrücken als Hintergrundkulisse. Es verfügt über 80 Tourenplätze. Vorausbuchungen sind insbesondere an Wochenenden, Feiertagen und im Juli und August erforderlich. Dabei ist der Gesamtbetrag fällig. Gut erzogene Hunde sind willkommen (Leinenpflicht). Vor Ort stehen unter anderem zur Verfügung: 9-Loch-Golfplatz, Minigolfanlage, Tennisplätze, beheiztes Planschbecken und Spielzimmer. Im Juli und August finden Veranstaltungen statt. Zum Strand führt ein Bohlenweg durch eine geschützte Dünenlandschaft (Gehzeit ca. 5 Min.). Ende März bis Anfang November.

S 502 Sandhill Drive Motorhome Park
(S. 146 D2) Sandhill Drive, Portrush, County Antrim, Tel. +44 28 70344723, www.causewaycoastandglens.gov.uk
GPS-Daten: N 55°12‘03“ W 06°39‘10“
Großer, speziell eingerichteter Parkplatz für zehn Wohnmobile mit Münzautomat in geschäftiger Lage. Nachts ist es jedoch ruhig. Die Jetons für Strom und Wasser sind erhältlich bei: Hillcrest Maxol Service Station, 121 Coleraine Road, und Portrush

Etappenziel Ballycastle; die Stadt war einst sehr wohlhabend.

Jordanstown Loughshore direkt an der Meerespromenade

Filling Station, Bushmills Road. Das Ortszentrum ist zu Fuß erreichbar. Ganzjährig.

C 503 Ballyness Caravan Park
(S. 147 E2) 40 Castlecatt Road, Bushmills, County Antrim, Tel. +44 28 20732393, www.ballynesscaravanpark.com
GPS-Daten: N 55°11'38" W 06°31'08"
Engagiert geführte und ansprechend gestaltete Anlage mit 50 asphaltierten Tourenplätzen neben drei Wildteichen und in der Nähe der Old-Bushmills-Brennerei. Sie erhielt mehrere Auszeichnungen. Die angebotenen Leistungen umfassen etwa behindertengerechte Sanitäranlagen, einen großen Spielplatz, eine Spielwiese oder einen Hundespazierweg. Von April bis September verkehrt ein Bus-Shuttle zum Giant's Causeway, zur Carrick-a-Rede Rope Bridge, nach Portrush und Coleraine. Mitte März bis Ende Oktober.

C 504 Watertop Family Activity Centre
(S. 147 F2) 188 Cushendall Road, Ballycastle, County Antrim, Tel. +44 28 20762576, www.watertopfarm.co.uk
GPS-Daten: N 55°10'33" W 06°07'41"
16 Wohnmobilstellplätze auf Rasengitter auf einer Schaffarm – mit guten Einrichtungen. Morgens erschallt der Weckruf des Hahns. Wer möchte, kann bei der Farmarbeit mithelfen. Ansonsten stehen Reiten und Angeln auf der Aktivitätenliste ganz oben. Alle Serviceleistungen wie Duschen sind im Übernachtungspreis enthalten. Ostern bis Ende Oktober.

C 505 Glenariff Forest Park (S. 147 F3)
A 43, Glenariff Road, Glenariff, County Antrim, Tel. +44 28 70340870, www.nidirect.gov.uk/articles/glenariff-forest-park
GPS-Daten: N 55°00'56" W 06°06'35"
Sehr schön angelegter Platz mit asphaltierten Parzellen mitten im Waldpark. Die Gäste sollten sich vorher anmelden, da das Empfangsbüro nur zeitweise besetzt ist. Mit der Buchungsbestätigung erhält man einen Code für die Schranke. Am Abend kommt der Ranger, um die Gebühr zu kassieren. Das Gelände ist nachts verschlossen. Bereit stehen Duschen, Toiletten, Waschküche mit

Waschmaschinen und Trockner (Münzen sind beim Ranger erhältlich). Es gibt keine Geschäfte, die fußläufig erreichbar sind. Der Bus 150, der nach Ballymena fährt (Mo–Sa), hält an der Pforte. Mitte März bis Ende September.

S 506 Jordanstown Loughshore
(S. 147 G5) Shore Road, Jordanstown, County Antrim, Tel. +44 28 90340137, www.antrimandnewtownabbey.gov.uk
GPS-Daten: N 54°40'51" W 05°53'03"
Der winzige Jordans Loughshore Caravan Park liegt am Nordrand von Belfast und ist ein guter Ausgangspunkt, um die Stadt zu erkunden. Er befindet sich direkt an der Uferpromenade am Belfast Lough. Die Straße ist hörbar. Ein hohes Gitter umschließt die 14 Tourenplätze, die vorab zu buchen sind. Unbedingt erforderlich ist der Code für die Eingangsschranke. Es stehen alle notwendigen Einrichtungen zur Verfügung. Nur am Abend und an den Wochenende von März bis September ist das Büro besetzt. Ganzjährig.

S 507 Dundonald Touring Caravan Park
(S. 147 G5) 111 Old Dundonald Road, Belfast, Tel. +44 28 90809100, www.dundonaldcaravanpark.com
GPS-Daten: N 54°35'20" W 05°49'02"
Man bucht am besten online, da man sonst zuerst zum Eislaufstadion fahren muss, um seinen individuellen Zugangscode zu erhalten. Eine Aufsichtsperson arbeitet nur stundenweise auf dem gut gesicherten Gelände. Die Ausstattung ist einfach, aber komplett. Der Bus in die Stadt hält auf der Straßenseite gegenüber (nach dem Treppenaufgang links halten!). März bis Ende Oktober.

S 508 Clare Glen Caravan Park
(S. 151 E1) Markethill Road (Moodage Road), Tandragee, County Armagh, Tel. +44 28 38841110, www.clareglen.co.uk

Dundonald: beliebtes Basisquartier im Süden von Belfast

GPS-Daten: N 54°20'29" W 06°25'48"
Diesen Platz zeichnet seine sehr ruhige Lage aus. Er ist umgeben von Bäumen. Jede der 26 Parzellen ist mit Strom und Wasser ausgestattet. Es bieten sich schöne Spaziergänge am Fluss an. Das gemeindeeigene Gelände ist weitgehend unbewacht. Ganzjährig.

C 509 Camping Castlewellan Forest Park
(S. 151 G1) The Grange Yard, Castlewellan, County Down, Tel. +44 28 43778664, www.castlewellancastle.org/forestpark.html
GPS-Daten: N 54°15'39" W 05°57'10"
Die Reisemobile stehen in der Regel auf befestigtem Boden im Innenhof. Dort sind jedoch keine Markisen erlaubt. Grillfeuer ist nur unter der Beaufsichtigung des Rangers gestattet. Die Kinder haben viel Platz zum Spielen, es gibt Picknickplätze und ein Café vor Ort. Durch die Umgebung führen spezielle Mountainbike-Trails mit unterschiedlichen Schwierigkeitsgraden. Mitte März bis Mitte September.

C 510 Tollymore Forest Caravan Park
(S. 151 G2) 140 Bryansford Road, Newcastle, County Down, Tel. +44 28 43722428, www.nidirect.gov.uk/articles/tollymore-forest-park
GPS-Daten: N 54°13'35" W 05°56'04"
Parkartiges Gelände mit alten Bäumen. Es verfügt über 41 Plätze. Das Buchen erfolgt am besten über das Internet. Die Einrichtungen sind sauber, Personal sieht man jedoch nur selten. Ganzjährig.

C 511 Annalong Holiday Park
(S. 151 G2) 38 Kilkeel Road, Annalong, County Down, Tel. +44 28 43768248, www.chestnutholidayparks.com
GPS-Daten: N 54°06'20" W 05°54'10"
Vom unteren Teil hat man eine tolle Aussicht aufs Meer. Die Gäste freuen sich über einen gut ausgestatteten Sanitärblock. Ein Küstenweg führt direkt am Gelände vorbei. Mitte März bis Ende Oktober.

Im Rostrevor Forest am Fuß der Mourne Mountains

C 512 Chestnutt Holiday Park
(S. 151 F3) 3 Grange Road, Cranfield West, Kilkeel, County Down, Tel. +44 28 41762653, www.chestnuttholidayparks.com
GPS-Daten: N 54°01‘50“ W 06°04‘08“
Großer Campingpark (mit vielen Hunden), nur wenige Gehminuten vom schönen Strand. Einen Laden und ein Café findet man auf der anderen Straßenseite. Ostern bis September.

C 513 Sandilands Holiday Park
(S. 151 F3) 30 Cranfield Road, Cranfield East, Kilkeel, County Down, Tel. +44 28 41763634, www.chestnuttholidayparks.com
GPS-Daten: N 54°02‘02“ W 06°02‘44“
Schöner, gepflegter Campingpark mit modernen Einrichtungen. Spielpark und Strand liegen nur ein paar Schritte entfernt. Die Fahrzeuge stehen relativ dicht beieinander. Ostern bis September.

C 514 Kilbroney Caravan Park
(S. 151 F2) 80 Shore Road, Rostrevor, County Down, Tel. +44 28 41738134, www.visitmournemountains.co.uk
GPS-Daten: N 54°05‘53“ W 06°11‘19“
Gut geführter Platz der Gemeinde. Teils stark geneigte Parzellen mit schöner Aussicht. Vor Ort unter anderem: separate Kinderspielbereiche, Grillplatz, Café und Informationszentrum. März bis November.

S 515 Parking Carlingford Marina
(S. 151 G3) North Commons, Carlingford, County Louth, Tel. +353 42 9373072, www.carlingfordmarina.com
GPS-Daten: N 54°02‘50“ W 6°11‘26“
Zehn Wohnmobilstellplätze auf gekiestem Seitenstreifen im schönen Freizeithafen am Carlingford Lough – mit zehn Prozent Preisnachlass auf alle Speisen und Getränke im eigenen Restaurant. Weitere Lokale und Bars sind ebenfalls leicht zu erreichen. Zugang zu den Toiletten und Duschen der Marina. Unmittelbar am Wander- und Radfahrweg Greenore Greenway gelegen. Die Aufenthaltsdauer ist unbegrenzt. Ganzjährig.

C 516 Slane Farm Camping (S. 151 E5)
Harlinstown House, Slane, County Meath, Tel. +353 41 9884985, www.slanefarmhostel.ie
GPS-Daten: N 53°42‘57“ W 06°34‘22“
Kleines, etwas schräges Wiesengelände mit einfachen Einrichtungen auf einem Bauernhof. Die Zufahrtsstraße ist eng und nicht asphaltiert. Die Entfernung zum Slane Castle beträgt 1,5 Kilometer. Anfang März bis Ende Oktober.

Gepflegter Ballyness Caravan Park

Rosguill-Halbinsel,
landschaftlicher Höhepunkt
im County Donegal

» REISE-INFORMATIONEN VON A BIS Z

Die Häuser in Doolin liegen weit verstreut.

ANREISE

Der schnellste und bequemste Weg nach Irland führt in der Regel über Frankreich. Direktfähren verkehren von den französischen Häfen Roscoff und Cherbourg zu den irischen Häfen Rosslare und Dublin. Sehr komfortabel gestaltet sich die Überfahrt mit dem neuen Schiff »W. B. Yeats« der Fährgesellschaft Irish Ferries. Es verkehrt zwischen April und September drei- bis viermal pro Woche auf der Strecke Cherbourg–Dublin. Grundsätzlich erfolgen die Abfahrten (sowohl Hin- als auch Rückfahrt) immer nachmittags – und die Ankünfte am Vormittag des Folgetags (www.irishferries.com).

AUTOVERKEHR

In Irland fährt man auf der linken Straßenseite und biegt in den Kreisverkehr nach links ab. Daher ist es nötig, die Scheinwerfer des eigenen Wohnmobils partiell abzukleben, um den Gegenverkehr nicht zu blenden. Die Folien erhält man zum Beispiel auf Fähren. Fußgänger, die eine Straße überqueren möchten, müssen darauf achten, dass die zuerst kreuzenden Fahrzeuge von rechts statt von links kommen! Es gelten folgende Geschwindigkeitsbeschränkungen: Motorways 120 km/h, National Roads 100 km/h, Landstraßen 80 km/h, Ortschaften 50 km/h und an Schulen 30 km/h. Vor Kurven findet man oft das kleine Zusatzschild »slow«. In Nordirland erfolgen die Angaben in mph (miles per hour; 1 km/h = 0,62 mph, 1 mph = 1,61 km/h). Dort gelten: Motorways 70 mph, Landstraßen 60 mph und Ortschaften 30 mph. Gelbe Streifen am Straßenrand markieren eine Parkverbotszone.

DIPLOMATISCHE VERTRETUNGEN

Die Ansprechpartner bei schwerwiegenden Problemen in Irland sind:

Deutsche Botschaft
31 Trimleston Avenue, Booterstown, Blackrock, County Dublin, Tel. +35312776100, www.dublin.diplo.de

Österreichische Botschaft
6 Ailesbury Road, Ailesbury Court Apartments 93, Dublin 4, Tel. +35312694577, www.bmeia.gv.at/botschaft/dublin.html

Man merkt noch heute, dass Belfast einst in der Leinenherstellung führend war.

Schweizer Botschaft
6 Ailesbury Road, Ballsbridge, Dublin 4,
Tel. +35312186382,
www.eda.admin.ch/dublin

DOKUMENTE

Für die Einreise nach Irland und Nordirland benötigen deutsche, österreichische und Schweizer Staatsangehörige einen gültigen Reisepass oder Personalausweis beziehungsweise Identitätskarte. Für Kinder sind seit 2012 eigene Reisedokumente vorgeschrieben.

FEIERTAGE

Banken, Behörden und die meisten Geschäfte bleiben an diesen Tagen geschlossen: **1. Januar:** Neujahr; **17. März:** St Patrick's Day; **Karfreitag** nur in Nordirland (in der Irischen Republik haben Banken und Behörden geschlossen), **Ostermontag**; **erster Montag im Mai:** Bank Holiday; **letzter Montag im Mai:** Bank Holiday in Nordirland; **erster Montag im Juni:** Bank Holiday (nur Republik); **12. Juli:** Orangemen's Day Nordirland; **erster Montag im August:** Bank Holiday (nur Republik); **letzter Montag im August:** Bank Holiday Nordirland; **letzter Montag im Oktober:** Bank Holiday (nur Republik); **25. Dezember:** Christmas Day, **26. Dezember:** Boxing Day.

GAS

Zweimal elf Kilogramm Bordvorrat sollten, da man nur selten heizen muss, für einen Irland-Urlaub ausreichen. Falls nicht: Ein Befüllen der in Deutschland üblichen grauen Flaschen ist in Irland nicht überall möglich, gute Chancen bestehen bei den Firmen Flogas und Calor Gas.

GELD

In der Republik Irland gilt der Euro, wobei Scheine über 50 Euro nur selten akzeptiert werden. In Nordirland ist die gültige Währung das Pfund Sterling (1 £ = 1,13 €, Stand Juni 2019). Bankautomaten heißen ATM oder Cash Machine. Privatbanken haben im Vereinigten Königreich das Recht, eigene Geldscheine auszugeben. Ein Rücktausch der Pfundnoten ist aber im Heimatland nur dann

Bei Dingle, ganz im Westen – ein Ausblick, der für die lange Anreise entschädigt.

problemlos möglich, wenn sie von der Bank of England ausgegeben wurden.

GESUNDHEIT

Auch in Irland gilt die Europäische Krankenversicherungskarte (EKVK; in Englisch: European Health Insurance Card EHIC), welche die Patienten bei allen medizinischen Einrichtungen im Behandlungsfall vorlegen können. Genaue Informationen zum Abrechnungsverfahren findet man unter www.ehic.ie. Eine Liste deutschsprachiger Ärzte hält die Deutsche Botschaft in Dublin auf ihrer Website bereit (www.dublin.diplo.de). Kosten für die Rückführung dürfen von den gesetzlichen Krankenkassen nicht übernommen werden, daher wird der Abschluss einer privaten Reisekrankenversicherung dringend empfohlen.

INFORMATIONEN

Tourism Ireland Deutschland,
Gutleutstraße 32, 60329 Frankfurt,
Tel. +49 69 9231850,
www.ireland.com/de-de

Tourism Ireland Österreich,
Untere Donaustraße 11/3, 1020 Wien,
Tel. +431581892270,
www.ireland.com/de-at

KLIMA UND REISEZEIT

Zwar ist es im Juli und August inselweit am wärmsten, doch die meisten Sonnentage gibt es im Mai und Juni. Die Tageshöchsttemperatur im Sommer beträgt durchschnittlich 15 bis 20 Grad Celsius, nur selten werden 25 Grad Celsius oder mehr erreicht. Der vorbeifließende Golfstrom führt zu einem Klima ohne große Schwankungen mit kühlen Sommern und milden Wintern. Sonne und Regen wechseln sich rasch ab, letzterer hält aber in der Regel nie lange an. Westirland kommt auf beachtliche 250 Regentage pro Jahr mit einer Niederschlagsmenge von 3000 mm; um Dublin und an der Südostküste sind es nur 190 Regentage mit 750 mm Niederschlag. Aktuelle Wetterinfos erhält man unter www.met.ie. Die Reisesaison dauert von Mitte März bis Ende Oktober. Fast alle Campingplätze öffnen an Ostern und schließen Ende September oder Ende

Oktober, einige im Nordwesten auch schon Anfang September. Nur wenige haben ganzjährig offen.

MAUT

Die Dublin Ringautobahn M50 ist mautpflichtig, die Erfassung des Fahrzeugs geschieht elektronisch. Wichtig: Zahlung muss spätestens am Folgetag bis 20 Uhr auf eflow.ie erfolgen.

NOTFÄLLE

Republik Irland:
Polizei, Feuerwehr, Krankenwagen Tel. 112 oder 999, Autopanne Tel. 1800 667788, Diebstahl oder Verbrechen 1890 365700

Nordirland: Polizei, Rettungsdienste, Feuerwehr, Küstenwache Tel. 999, Autopanne Tel. 1800 667766, Diebstahl oder Verbrechen Tel. 101

SICHERHEIT

Die Insel gilt generell als sicheres Reiseland. Taschen- und Trickdiebe nutzen wie anderswo auch gerne die Anonymität großer Menschenmengen. Die erhöhte Gefahr eines tätlichen Angriffs besteht um die Schließungszeit der Pubs im innerstädtischen Bereich und besonders an Wochenenden.

ZEIT

In Irland und Nordirland gilt die Westeuropäische Zeit (Greenwich Mean Time GMT = MEZ – 1 Stunde), das heißt, dass Besucher aus der mitteleuropäischen Zeitzone die Uhren um eine Stunde zurückstellen müssen. Die Umstellung Sommer-/Winterzeit erfolgt zeitgleich mit Deutschland.

ZOLL

Reisende aus EU-Staaten können alle Dinge des persönlichen Bedarfs ohne weitere Verzollung ein- und ausführen. Die Höchstmengen sind jedoch nicht genau festgelegt. Über derzeit gültige Richtwerte informiert die Internetseite des Zolls (www.revenue.ie). Zu den Gegenständen, die nicht eingeführt werden dürfen, gehören neben Waffen auch Schreckschusspistolen und Pfeffersprays.

»Strandgut« in den Grasdünen von Rosguill

REGISTER

Immer wieder herrliche Ausblicke

P.S.: DA FÄLLT MIR NOCH WAS EIN!

Mit Hupen oder gar despektierlichen Gesten anderen Verkehrsteilnehmern gegenüber seinen Unmut zu äußern, ist in Irland verpönt. Stattdessen wartet man geduldig, bis etwa der Lebensmittellieferant im Dorfgässlein seine Ware entladen oder der Vordermann bei heruntergelassener Scheibe sein Schwätzchen mit einem entgegenkommenden Autofahrer beendet hat. Ich werde ohnehin nie verstehen, weshalb die Iren im Hinblick auf ihre fast durchweg schmalen Fahrbahnen eine ausgesprochene Vorliebe für breite Karossen hegen. Kleinwagen sind auf dem Land nahezu unbekannt. Beim Wohnmobil sind gewisse Mindestmaße noch nachzuvollziehen, aber muss es denn unbedingt eine Limousine mit extra dickem Blechmantel sein, um ein paar Besorgungen in der Kreisstadt zu tätigen? Man nimmt dabei auch in Kauf, dass Büsche und Äste das Auto streifen und den Lack zerkratzen.

Seltsam muten auch manche Maßnahmen zur Verkehrsüberwachung an: Die fest installierten Radarkameras sind von Weitem erkennbar, zudem wird mit Schildern auf sie hingewiesen – und, weil dies noch nicht zu genügen scheint, sind sie obendrein in den Atlanten verzeichnet. Wer dennoch zu schnell fährt, muss mit saftigen Bußgeld rechnen. Aber geht das überhaupt und warum prangt an fast jedem Feldweg ein 80-km/h-Schild? Antwort: Geld hat keine Rolle gespielt, als 2005 mit der Einführung des metrischen Systems überall auf der Insel 23 000 neue Schilder mit Geschwindigkeitsbeschränkungen aufgestellt wurden. Danach ging der »Schilderwahnsinn« weiter, indem alle Ortstafeln ersetzt wurden. Der Grund war, die vollkommene Gleichberechtigung der englischen und irischen Schreibweisen flächendeckend hervorzuheben.

Doch mit der Wirtschaftskrise 2008 schrumpften die öffentlichen Mittel. Selbst sinnvolle Ausgaben, wie etwa die Pflege der Straßenränder, sind seither in den Etats nicht mehr vorgesehen. Sie ist nun per Gesetz die Aufgabe der Farmer. Der Gipfel der Wunderlichkeiten stellt aber die Einführung eines Postleitzahlsystems im Jahr 2015 dar. Jedes Haus erhielt einen zufällig generierten Code, der keine Orientierung zulässt – und daher in der Praxis nicht umgesetzt wird.

Herzlichst
Thomas Cernak

In gleicher Reihe erschienen ...

ISBN 978-3-7343-0102-5

ISBN 978-3-7343-0933-5

ISBN 978-3-7343-0974-8

ISBN 978-3-7343-0104-9

BRUCKMANN

www.bruckmann.de

» STRASSENATLAS

Auf der Straße
nach Doolin

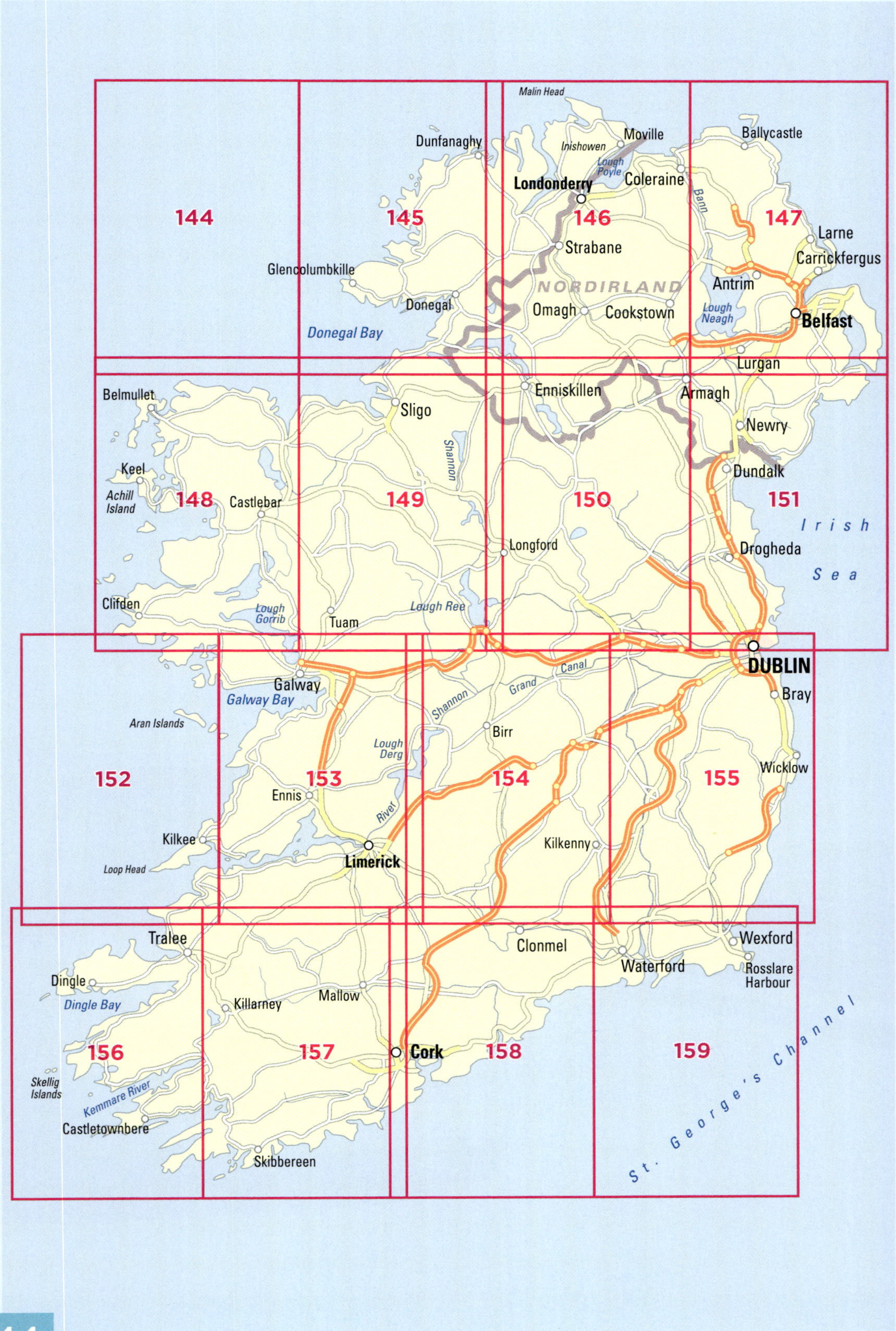

Malin Head
Dunfanaghy
Moville
Inishowen
Lough Poyle
Londonderry
Coleraine
Ballycastle
Bann
144
145
146
147
Larne
Strabane
Carrickfergus
Glencolumbkille
NORDIRLAND
Antrim
Donegal
Omagh
Cookstown
Lough Neagh
Belfast
Donegal Bay
Lurgan
Enniskillen
Armagh
Belmullet
Sligo
Newry
Shannon
Keel
Dundalk
Achill Island
148
Castlebar
149
150
151
Irish
Longford
Drogheda
Sea
Clifden
Lough Corrib
Tuam
Lough Ree
DUBLIN
Galway
Canal
Galway Bay
Grand
Shannon
Bray
Aran Islands
Birr
Lough Derg
Wicklow
152
153
154
155
Ennis
River
Kilkee
Kilkenny
Limerick
Loop Head
Tralee
Clonmel
Wexford
Waterford
Dingle
Rosslare Harbour
Dingle Bay
Killarney
Mallow
156
157
Cork
158
159
Skellig Islands
Kemmare River
Castletownbere
Skibbereen
St. George's Channel

ATLANTISCHER OZEAN
Tory Island
Horn Head
Inishdooey
Dunfanaghy
Inishbofin
Portnablaghy
Ballymore
Meenlaragh
Meenaclady
Creeslough
Falcarragh
Gortahork
Inishsirrer
Inishmeane
Glassagh
Beltany
Gola Island
Bunbeg
Owey Island
Inishfree Bay
Gweedore
Lough Nacung
Money Beg
Glenveagh Castle
Errigal 752
Glenveagh Nationalpark
L. Beagh
Cruit Island
Donegal Airport
Torneady Point
Rosses Bay
Annagary
Crolly
Dunlewy Lough
Dunlewy
Loughanure
Slieve Snaght 683
Aran Island
Burtonport
Meen-corwick
Glendowan
Inishfree Upper
Dungloe
Maghery
Meenacross
Trawenagh Bay
Kingarrow
Doochary
Fintown
Dooey Point
Derrylough
Letter-macaward
Bellanmore
Portnoo
Clooney
Cloghan
Doon Fort
Maas
Commeen
Glenties
Gaugin Mountain 568
Tangaveane
Altnapaste
Loughros More Bay
Loughros Point
Kilrean
St. Connell's Museum
Maghera
Ardara
Glencolumbkille
Rossan Point
Folk Village Museum
Glen River
Mulnanaff 473
L. Eske
Druminnin
Malin Beg
Slieve League 595
Frosses
Donegal
Rathlin O'Beirne Island
Carrick
Killybegs
Bruckless
Inver
O'Donnell's Castle
Slieve League
Kilcar
Largy
Dunkineely
Mountcharles
Laghy
Muckross Head
Doorin Point
Ballintra
St. John's Point
Tully
Pettigo
Lough Derg
Donegal Bay
Rossnowlagh
Cavangarden
Kildoney Point
Ballyshannon
Bundoran
Tullaghan
Mullaghmore
Roskeeragh Point
Inishmurray
Ballina (Belleek Park)
Cliffony
Castlegal
Kinlough
Buckode
Lough Melvin
Belleek
Belleek Pottery
Tully Castle
Lower Lough Erne
Garrison
Rossinver
Largydonnell
Streedagh Point
Grange
Ballyconnell
Glenade
Caldragh Cemetery
Melmore Head
Rinnafaghla Point
Doagh
Sheep Haven Bay
Kilmacrennan
Glebe House
Church Hill
Letterkenny
N56
N15
N3
A47
A3
C 400
C 401
C 402
C 406
4
146
149
E F G H
1 2 3 4 5 6

Inishtrahull Sound
Malin Head
Bulbinbeg
White Strand Bay
Carrickabraghy Castle
Glengad Head
Malin
Culdaff
Fanad Head
Tullagh Point
Doagh Isle
Dunaff Head
Clonmany
Ballyliffin
Carndonagh
Balbane Head
Melmore Head
Rinmore Point
C 407
Cashel
Rosguill
Glebe
Portsalon
Inishowen
Gleneely
Glentogher
Leckemy
Greencastle
Stroove
Dunagree Point
S 502
Ramore Head
Portrush
Fort Dunree
C 408
Tawny
Drumfree
Moville
C 501
Portstewart
Downhill
Castlerock
Carrickart
Lough Swilly
Magilligan
Redcastle
Articlave
Coleraine
Cranford
Glenvar
Broad Water
Buncrana
Quigley's Point
Bellarena
Macosquin
Glen
Rathmullan
Fahan
Lough Foyle
Milford
Fanad
Inch Island
Burnfoot
C 500
Muff
City of Derry Airport
Crindle
Bolea
A37
Ballykelly
Artikelly
N56
Termon
A2
Limavady
Ringsend
Ramelton
Bridgend
Eglinton
Greysteel
Aghadowey
Kilmacrenan
Coolboy
N13
Glebe House
Church Hill
River Swilly
Newtown-cunningham
LONDONDERRY
Baranailt
Drumsurn
Letterkenny
Manor-cunningham
New-buildings
The Cross
Scriggan
145
Drumoghill
St Johnston
A6
Ballymoney
Dungiven
Swatragh
Bready
Claudy
Feeny
Carn
Tirkane
Raphoe
N14
River Foyle
Cloghcor
Dunnamanagh
Park
Dreen
Mountains
Maghera
Convoy
Ballindrait
Ballymagorry
Ballynamalaght
Sawel Mountain
678
Lisnamuck
Lifford
Strabane
Craig
Sperrin
Moneyneany
Tobermore
Killygordon
Castlefin
Draperstown
Ballybofey
R. Finn
Sion Mills
Clady
Victoria Bridge
Plumbridge
Cranagh
Desertmartin
Ardstraw
A5
NORD-
Castlederg
Newtownstewart
Ulster-American Folk Park
Gortin
Beaghmore Stone Circles and Cairns
Moneymore
Mullaghcarn
542
Greencastle
Dunnamore
Orritor
Killen
A505
An Creagan
A29
Killeter
Mountjoy
Mountfield
Creggan
Cookstown
Lough Derg
Drumquin
Loughmacroy
Killyclogher
Drumnakilly
Sandhoies
Omagh
Carrickmore
A32
Pomeroy
Clanabogan
Pettigo
Clonelly
Sixmilecross
Cappagh
Carland
A35
Kesh
Lack
Owenreagh R.
Beragh
Caldragh Cemetery
Donaghmore
Ederney
Fintona
Seskinore
Garvaghy
Dungannon
Lower Lough Erne
Lisnarick
C 404
Dromore
Ballyreagh
Granville
Errigal Keerogue Church and Cross
IRLAND
C 403
Irvinestown
Trillick
Ballygawley
Greystone
Killadeas
Chambered Cairn
A4
A5
Charlemont
Kilskeery
A28
Carnteel
146
Ballinamallard
150
Aughnacloy
Benburb
Trory
Tempo
Armagh

E
F
G
H
1
2
3
4
5
6
North Channel
Bruce's Cave
Church Quarter
Rathlin Island
Bull Point
Rathlin Sound
Rue Point
Benbane Head
Dunseverick
Ballintoy
Bonamargy Friary
Murlough Bay
Torr Head
Port-braddan
Bushmills
Ballyvoy
Ballycastle
C 503
C 504
A2
Runabay Head
Knocklayd 514
Cape Castle
Castlecat
Derrykeighan
Armoy
Dervock
Cushendun
Red Bay
A44
Ossian's Grave
Cushendall
Kirkhills
Kilraghts
Ballymoney
Glenariff or Waterfoot
Garron Point
Trostan 551
Glens of Antrim
Antrim Mountains
Bendooragh
A43
Dunloy
Cloghmills
C 505
Hunters Point
Carnlough
Glenarm
Clogh
A26
Rasharkin
Martinstown
The Maidens or Hulin Rocks
Cairnryan
A42
Drumnagreagh Port
Glarryford
McGregor's Corner
Carnageer
Quarrytown
The Sheddings
Ballygalley
Cullybackey
M2
Carncastle
Larne
Broughshane
Ballymena
Isle of Muck
Ballylumford
Portmuck
Kilwaughter
Stranraer
A54
Ahoghill
A36
Glynn
Larne Lough
Island Magee
Moorfields
A8
Glenoe
Bellaghy
Castledawson
Moneyglass
Kells
Ballynure
Ballycarry
Ballystrudder
Black Head
Randalstown
Ballyclare
Straid
Whitehead
Toome
A6
M22
Doagh
Woodburn
Belfast Lough
A57
Carrickfergus Castle
Carrickfergus
Douglas (Isle of Man)
Ballyronan
Antrim
S 506
Greenisland
Groomsport
Copeland Islands
Liverpool
Muckamore
Newtownabbey
Big Isle
Belfast International Airport
Killead
Belfast City Airport
Bangor
Lough Neagh
Cave Hill
Ulster Folk and Transport Museum
A48
Donaghadee
The Diamond
A52
The Battery
Ardboe
Gartree Point
Crumlin
Millisle
High Cross
Sandy Bay
Glenavy
BELFAST
Stormont
Newtownards
Hannahstown
Ulster Museum
Dundonald
A20
Ballyferis Point
A30
S 507
Comber
Hog Park Point
Giant's Ring
Strangford
Ballywalter
Dunmurry
A23
Greyabbey
Skullmartin
Ardmore Point
Ballylesson
Moneyreagh
Grey Abbey
Ards Peninsula
Aghalee
A26
Magheraberry
Drumbeg
Carryduff
Lisbane
Mahee Island
Ballyhalbert
Maghery
Aghagallon
Derryadd
Lisburn
A21
Ballygowan
Kircubbin
Moira
Temple
Balloo
Rubane
Portavogie
M1
Hillsborough
Raffrey
Ringboy Point
A4
Lurgan
M12
Saintfield
Derryboye
Cloughey
A1
Baileysmill
A49
A7
Killyleagh
Island Taggart
Waringstown
Ballynahinch
Donaghcloney
Dromore
151
Crossgar
A22
Audley's
Kilmore
Gilford
Dromara
Drumaness
Richhill
A27
Banbridge
Finnis

A
B
C
D
1
2
3
4
5
6
Doonvinalla
Portacloy
Porturlin
Illanmaster
Minnaun
Downpatrick Head
Broad Haven
Dooncarton Stone Circle & Megalithic Tomb
Ross Port
Polla-tomish
Belderg
Céide Fields
Gortmore
Rathlackan
Ballyglass Megalithic Tomb
Ballycastle
Killala Bay
Mullet
Corclogh
Knocknalina
Glenamoy
Carrowmore
Inishglora
Belmullet
Barnatra
Bartragh Island
An Geata Mór
Kilcon
Bunnahowen
Gortmore
Carrowmore Lake
Killala
Elly Bay
Garranard
Ardelly Point
Bangor
Castleconor
Inishkea North
Bellacorick
C 401
Aghleam
Gweesala
Ballina
Dooleeg
Inishkea South
Tullaghan Bay
N59
Carrowkilleen Megalithic Tomb
Garrycloon
Blacksod
Ballycroy
Crossmolina
Newtown
Duvillaun More
Blacksod Bay
Doohooma
Sranamanragh Br.
National Park
Lough
Cloghans
Ridge Point
C 309
Keenagh
Castlehill
Saddle Head
Doogort
Ballycroy
Lahardaun
Sruhill Lough
Knockmore
Castlehill
Keem
Keel
Bunacurry
Conn
Annagh Island
Tonregee
Pontoon
Moyteoge Head
C 308
Achill Sound
Cloondaff
Lough Cullin
Dooagh
Lough Feeagh
Beltra
Achill Island
S 307
Mulranny
Burrishoole Abbey
Ross West
N5
Portnahally or Ashleam Bay
Carrick Kildavnet Castle
Furnace Lough
Beltra Lough
Rosturk
National Museum of Country Life
Rockfleet Castle
Newport
Cloghmore
Corraun
Gubbaun Point
Turlough
Newport Bay
Castlebar
Achillbeg Island
Clogher
Clew Bay
C 306
Manulla
Ballytoohy
Westport
Belcarra
Grania Wael's Castle
Clare Island
Westport Bay
Ballyhean
Kilsallagh
Westport Quay
Roonagh Quai
Croagh Patrick
762
Aughagower
Ballintober Abbey
Louisburgh
Kilgeever Abbey
Liscarney
Killavally
Ballintober
Caher Island
Inishturk
Killadoon
Carrowkennedy
Partry
Barnabaun Point
Cregganbaun
Srah
Lough Carra
Tourmakeady
Inishbofin
Doo Lough
Davillaun
N84
Renvyle Castle
C 304
C 305
Delphi
Killateeaun
Lough
Ballinrobe
Inishshark
Cashleen
Tully Cross
Killary Harbour
Ballynakill H.
Kylemore Abbey
Leenaun
Mask
Cleggan
Finny
Neale
Aughrus More
Moyard
Letterfrack
Ballykine Castle
Aghalahard Castle
Connemara Nationalpark
Maumturk Mountains
Cloghbrack
Cross
C 303
N8
C 302
Omey Island
Finnisglin
Clonbur
Cornamona
Cong
Shrule
Lough Inagh
Clifden
Lough
Errislannan Point
Clifden Bay
Derryclare Lough
Errislannan
Mannin Bay
Maumwee Lough
Recess
Doonloughan
Corrib
Ballyconneely
Toombeola
Maam Cross
Oughterard
Carrowmore-knock
Doonreaghan
Roundstone
Bertraghboy Bay
Aughnanure Castle
Glinsk
Ross Lake
152

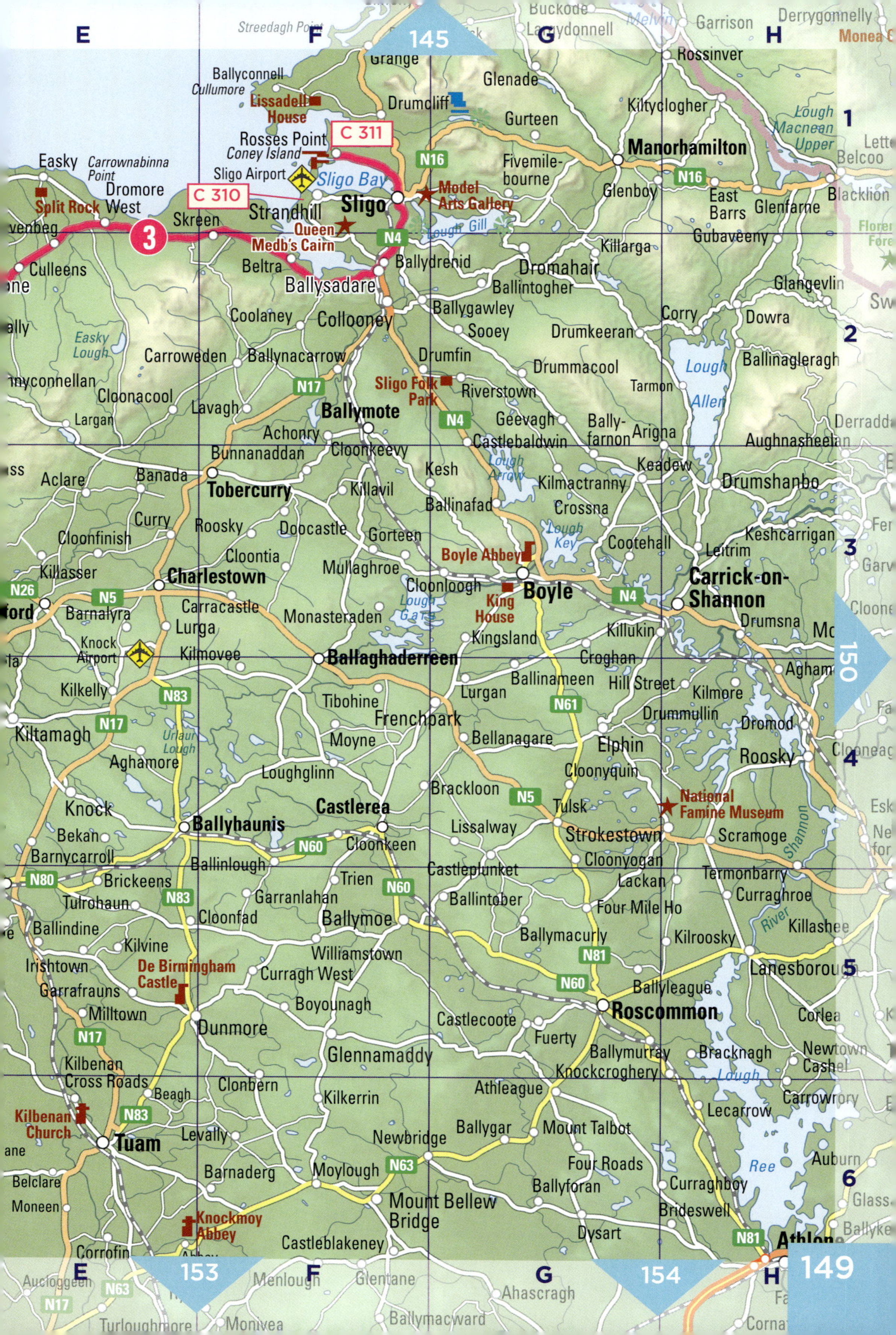

145
150
153
154
E
F
G
H
1
2
3
4
5
6
Sligo
Sligo Bay
Sligo Airport
Rosses Point
Coney Island
Lissadell House
Ballyconnell
Cullumore
Streedagh Point
Grange
Drumcliff
Glenade
Gurteen
Kiltyclogher
Rossinver
Manorhamilton
Lough Macnean Upper
Belcoo
Blacklion
Glenfarne
East Barrs
Glenboy
Fivemile-bourne
Model Arts Gallery
Lough Gill
Queen Medb's Cairn
Strandhill
Skreen
Dromore West
Split Rock
Easky
Carrownabinna Point
Culleens
Beltra
Ballysadare
Ballydrehid
Dromahair
Ballintogher
Killarga
Gubaveeny
Glangevlin
Collooney
Coolaney
Ballygawley
Sooey
Drumkeeran
Corry
Dowra
Lough Allen
Ballinagleragh
Easky Lough
Carroweden
Ballynacarrow
Drumfin
Drummacool
Tarmon
Sligo Folk Park
Riverstown
Cloonacool
Largan
Lavagh
Ballymote
Achonry
Geevagh
Bally-farnon
Arigna
Castlebaldwin
Aughnasheelan
Bunnanaddan
Cloonkeevy
Kesh
Lough Arrow
Keadew
Drumshanbo
Aclare
Banada
Tobercurry
Killavil
Kilmactranny
Ballinafad
Crossna
Curry
Roosky
Doocastle
Gorteen
Lough Key
Cootehall
Keshcarrigan
Leitrim
Cloonfinish
Cloontia
Boyle Abbey
Killasser
Charlestown
Mullaghroe
Cloonlough
Boyle
Carrick-on-Shannon
King House
Lough Gara
Barnalyra
Carracastle
Monasteraden
Kingsland
Killukin
Drumsna
Lurga
Knock Airport
Kilmovee
Ballaghaderreen
Croghan
Aghamore
Ballinameen
Hill Street
Kilmore
Kilkelly
Tibohine
Lurgan
Drummullin
Dromod
Kiltamagh
Frenchpark
Bellanagare
Elphin
Roosky
Urlaur Lough
Moyne
Loughglinn
Cloonyquin
Knock
Brackloon
Tulsk
National Famine Museum
Bekan
Ballyhaunis
Castlerea
Lissalway
Strokestown
Scramoge
Barnycarroll
Cloonkeen
Ballinlough
Shannon
Castleplunket
Cloonyogan
Termonbarry
Brickeens
Trien
Lackan
Curraghroe
Tulrohaun
Garranlahan
Ballintober
Four Mile Ho
Cloonfad
Ballymoe
River
Killashee
Ballindine
Kilvine
Ballymacurly
Kilroosky
Irishtown
De Birmingham Castle
Williamstown
Lanesborough
Garrafrauns
Curragh West
Ballyleague
Milltown
Boyounagh
Roscommon
Dunmore
Castlecoote
Corlea
Fuerty
Kilbenan Cross Roads
Glennamaddy
Ballymurray
Bracknagh
Newtown Cashel
Knockcroghery
Lough
Clonbern
Athleague
Carrowrory
Beagh
Kilkerrin
Kilbenan Church
Lecarrow
Tuam
Levally
Newbridge
Ballygar
Mount Talbot
Ree
Auburn
Barnaderg
Moylough
Four Roads
Curraghboy
Belclare
Ballyforan
Moneen
Mount Bellew Bridge
Brideswell
Knockmoy Abbey
Dysart
Athlone
Castleblakeney
Corrofin
Menlough
Glentane
Ahascragh
Buckode
Larrydonnell
Melvin
Garrison
Derrygonnelly
N4
N5
N16
N17
N26
N60
N61
N63
N80
N81
N83
C 310
C 311
3

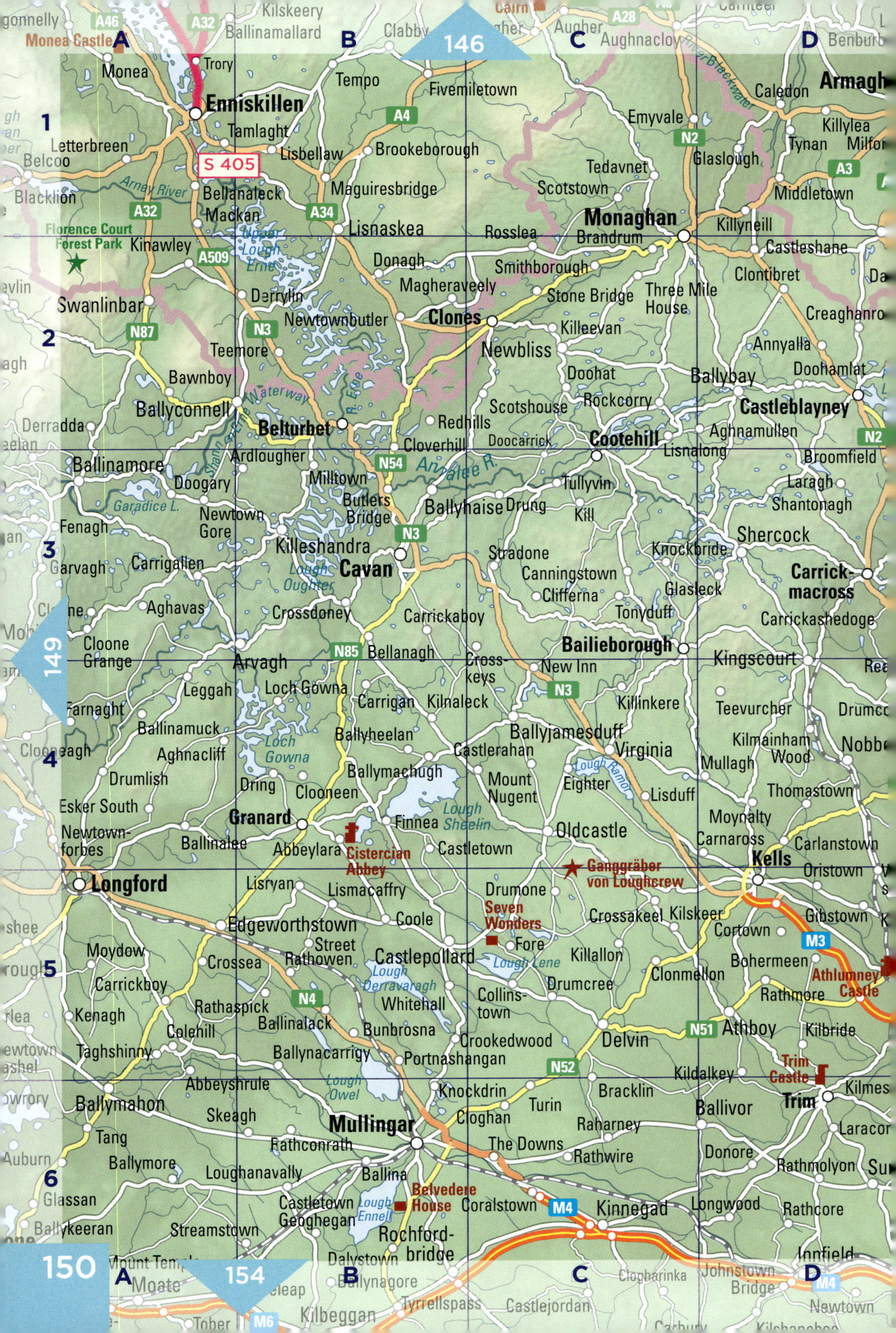

146
149
154
A
B
C
D
1
2
3
4
5
6
Enniskillen
Monea
Monea Castle
Trory
Tempo
Fivemiletown
Tamlaght
Letterbreen
Belcoo
Blacklion
Lisbellaw
Brookeborough
Bellanaleck
Mackan
Arney River
S 405
Maguiresbridge
Lisnaskea
Florence Court
Forest Park
Kinawley
Upper Lough Erne
Derrylin
Swanlinbar
Teemore
Bawnboy
Ballyconnell
Newtownbutler
Donagh
Magheraveely
Clones
Newbliss
Rosslea
Smithborough
Stone Bridge
Three Mile House
Killeevan
Monaghan
Brandrum
Emyvale
Glaslough
Tedavnet
Scotstown
Caledon
Armagh
Killylea
Tynan
Middletown
Killyneill
Castleshane
Clontibret
Creaghanro
Annyalla
Doohamlat
Ballybay
Castleblayney
Aghnamullen
Lisnalong
Broomfield
Laragh
Shantonagh
Shercock
Carrickmacross
Carrickashedoge
Kingscourt
Cootehill
Rockcorry
Doohat
Scotshouse
Redhills
Cloverhill
Doocarrick
Annalee R.
Belturbet
Derradda
Ballinamore
Garadice L.
Doogary
Ardlougher
Milltown
Butlers Bridge
Ballyhaise
Drung
Tullyvin
Kill
Newtown Gore
Fenagh
Carrigallen
Killeshandra
Cavan
Lough Oughter
Stradone
Canningstown
Clifferna
Knockbride
Glasleck
Tonyduff
Crossdoney
Carrickaboy
Bailieborough
Aghavas
Cloone Grange
Arvagh
Bellanagh
Cross-keys
New Inn
Leggah
Loch Gowna
Carrigan
Kilnaleck
Killinkere
Teevurcher
Farnaght
Ballinamuck
Ballyheelan
Ballyjamesduff
Virginia
Castlerahan
Kilmainham Wood
Mullagh
Aghnacliff
Drumlish
Dring
Clooneen
Ballymachugh
Mount Nugent
Eighter
Lough Ramor
Lisduff
Thomastown
Esker South
Granard
Lough Sheelin
Finnea
Moynalty
Carnaross
Newtown-forbes
Ballinalee
Abbeylara
Cistercian Abbey
Castletown
Oldcastle
Carlanstown
Kells
Oristown
Longford
Lisryan
Lismacaffry
Drumone
Ganggräber von Loughcrew
Seven Wonders
Crossakeel
Kilskeer
Gibstown
Cortown
Edgeworthstown
Coole
Fore
Lough Lene
Killallon
Clonmellon
Bohermeen
Athlumney Castle
Moydow
Crossea
Street
Rathowen
Castlepollard
Lough Derravaragh
Collinstown
Drumcree
Rathmore
Carrickboy
Rathaspick
Whitehall
Athboy
Kilbride
Kenagh
Colehill
Ballinalack
Bunbrosna
Crookedwood
Delvin
Taghshinny
Ballynacarrigy
Portnashangan
Kildalkey
Trim Castle
Abbeyshrule
Lough Owel
Knockdrin
Bracklin
Trim
Kilmessan
Ballymahon
Skeagh
Mullingar
Cloghan
Turin
Raharney
Ballivor
Laracor
Tang
Rathconrath
The Downs
Rathwire
Donore
Rathmolyon
Ballymore
Loughanavally
Ballina
Glassan
Castletown Geoghegan
Lough Ennell
Belvedere House
Coralstown
Kinnegad
Longwood
Rathcore
Ballykeeran
Streamstown
Rochfordbridge
Dalystown
Innfield
Moate
Ballynagore
Tyrrellspass
Castlejordan
Clogharinka
Johnstown Bridge
Newtown
Kilbeggan
Tober
Kilskeery
Ballinamallard
Clabby
Augher
Aughnacloy
Benburb
River Blackwater
A46
A32
A28
A4
N2
A3
A34
A509
N87
N3
N54
N85
N4
N52
N51
M3
M4
M6

Banbridge
Downpatrick
Portaferry
Strangford
Newry
Newcastle
Kilkeel
Warrenpoint
Rostrevor
Carlingford
Cooley Halbinsel
Greenore
Mourne Mountains
Slieve Donard 850
Slieve Binnian 744
Slieve Croob 532
Slieve Gullion 575
Dundalk
Blackrock
Dundalk Bay
Castlebellingham
Ardee
Dunleer
Clogherhead
Termonfeckin
Monasterboice
Drogheda
Slane
Newgrange
Balbriggan
Skerries
Rush
Lusk
Swords
Dublin Airport
Malahide
Portmarnock
Donabate
Lambay Island
St Patrick's Island
Fairyhouse Racecourse
Ratoath
Ashbourne
Dunshaughlin
Dunboyne
Clonee
Leixlip
Lucan
Castlewellan
Dundrum
Dundrum Bay
Ardglass
Killough
Ballynoe Stone Circle
Legananny Dolmen
Kilteaghan Dolmen
Audley's Castle
Jonesborough
Forkhill
Crossmaglen
Bessbrook
Camlough
Richhill
Tandragee
Rathfriland
Hilltown
Mayobridge
I R I S C H E S E E
Isle of Man
Kearney Point
Ballyquintin Point
St. John's Point
Ringfad Point
Lee Stone Point
Cranfield Point
Ballagan Point
Cooley Point
Dunany Point
Clogher Point
147
155
151

A
B
C
D
148
1
2
3
4
5
6
Roundstone
Doonreaghan
Glinsk
Moyrus
Croaghnakeela Island
Kilkieran
Cama
Lettermore Island
Mason I.
Finish I.
Lettermore
Mweenish I.
Gorumna Island
Carra
Lettermullan
Greatman's Bay
Rock Island
Inishmore
Eoghannacht
Brannock Islands
Kilmurvy
Kilronan
Aran Islands
Killeany
Gregory's Sound
Inishmaan
ATLANTISCHER
OZEAN
Carrowmore
Doonb
Donegal Point
Corbally
George´s Head
Kilkee
Foohagh Point
Moveen
Tullig Point
Doonaha
Cross
Carrigaholt
Kilbaha
Moneen
Kilcloher Head
Loop Head
Dunmore Head
Mouth of the Shannon
Doon Point
Ballybunnion
Liss
Ballyduff
Ballynaskreena
Listow
Kerry Head
Glenderry
Lixnaw
Causeway
156
Ballyheige
Lerrig
Kilflynn

149
157
154
Galway
Oranmore
Barna
Spiddle
Inveran
Moycullen
Menlough
Claregalway
Castle-quarter
Galway Airport
Carnmore
Cashla
Turloughmore
Newcastle
Monivea
Gorteen
Ballymacward
Woodlawn
Attymon
New Inn
Esker
Kiltullagh
Cappataggle
The Turoe Stone
Craughwell
Bullaun
Kilreekill
Killeeneenmore
Loughrea
Carmelite Monastery
L. Rea
Mullagh
Kilchreest
Tynagh
Kylebrack
Abbey
Kilcaimin
Clarinbridge
Kilcolgan
Kilcolgan Point
Galway Bay
Ballinderreen
Newtownlynch
Black Head
Burren
Ballyvaghan
Fanore
Corcomroe Abbey
Kinvarra
Bell Harbour
Ardrahan
Thoor Ballylee
Peterswell
Coole L.
Cool Park
Gort
Derrybrien
Marblehill Megalithic Tombs
Woodford
Gorteeny
Megalithic Tombs
Cahermacnaghten Stone Fort
Caherconnell Stone Fort
Burren Nationalpark
Kilmacduagh Churches & Round Tower
Lough Cutra
Doolin
Lisdoonvarna
Kilfenora
Leamaneh Castle
Drumandoora
Flagmount
Killinaboy
L. Cullaun
L. George
Whitegate
Ennistimon
Lehinch
Corrofin
Crusheen
Mountshannon
Feakle
Scarriff
Tuamgraney
Ogonnelloe
Miltown Malbay
Willie Clancy Festival
Inagh
Kilnamona
Spancelhill
Tulla
Bodyke
Connolly
Ennis
O'Callaghansmills
Béal Ború Fort
Quilty
Knocknalassa Megalithic Tomb
Clarecastle
Quin
Kilkishen
Broadford
Killaloe
Ballina
Mullagh
Darragh
Craggaunowen Project
Kilbane
Creegh
Kilmurry
Bridgetown
Newmarket on Fergus
Cloghera
Kilmihil
Lissycasey
Sixmilebridge
Montpelier
Cooraclare
Ballynacally
Shannon International Airport
Hurlers Cross
Cratloe
Cloonlara
Newport
Shannon
Cranny
King John's Castle
Kilmurry McMahon
Killadysert
Pallaskenry
Limerick
Hunt Museum
Lisnagry
Moroe
Knock
Labasheeda
Shannon
Foynes
River
Killimer
Ballyneety
Boher
Patrickswell
Loghill
Askeaton
Caherconlish
Glin
Shanagolden
Adare
Crecora
Ballyhahill
Shanid Castle
Fedamore
Kilcolman
Monaster
Kilteely
Rathkeale
Croom
Meanus
Herbertstown
Moyvane
Carrigkerry
Holycross
Ardagh
Bruff
Athea
Ballingarry
Athlacca
Hospital
Kilmorna
Knockaderry
Newcastle West
Knockdarnan
Elton
Castletown
Abbeyfeale
Strand
Feohanagh
Ballyagran
Bruree
Garryspillane
Inchabaun
Ballagh
Kilmallock
Newtown-
Aughnanure Castle
Ross Lake
Knock
Corrofin
Rye Hill
Menlough
Glenta
N17
N6
M6
N18
N67
M18
N86
N85
N68
N69
N21
N24
M20
N20
C 301
S 222
C 221
C 223
300

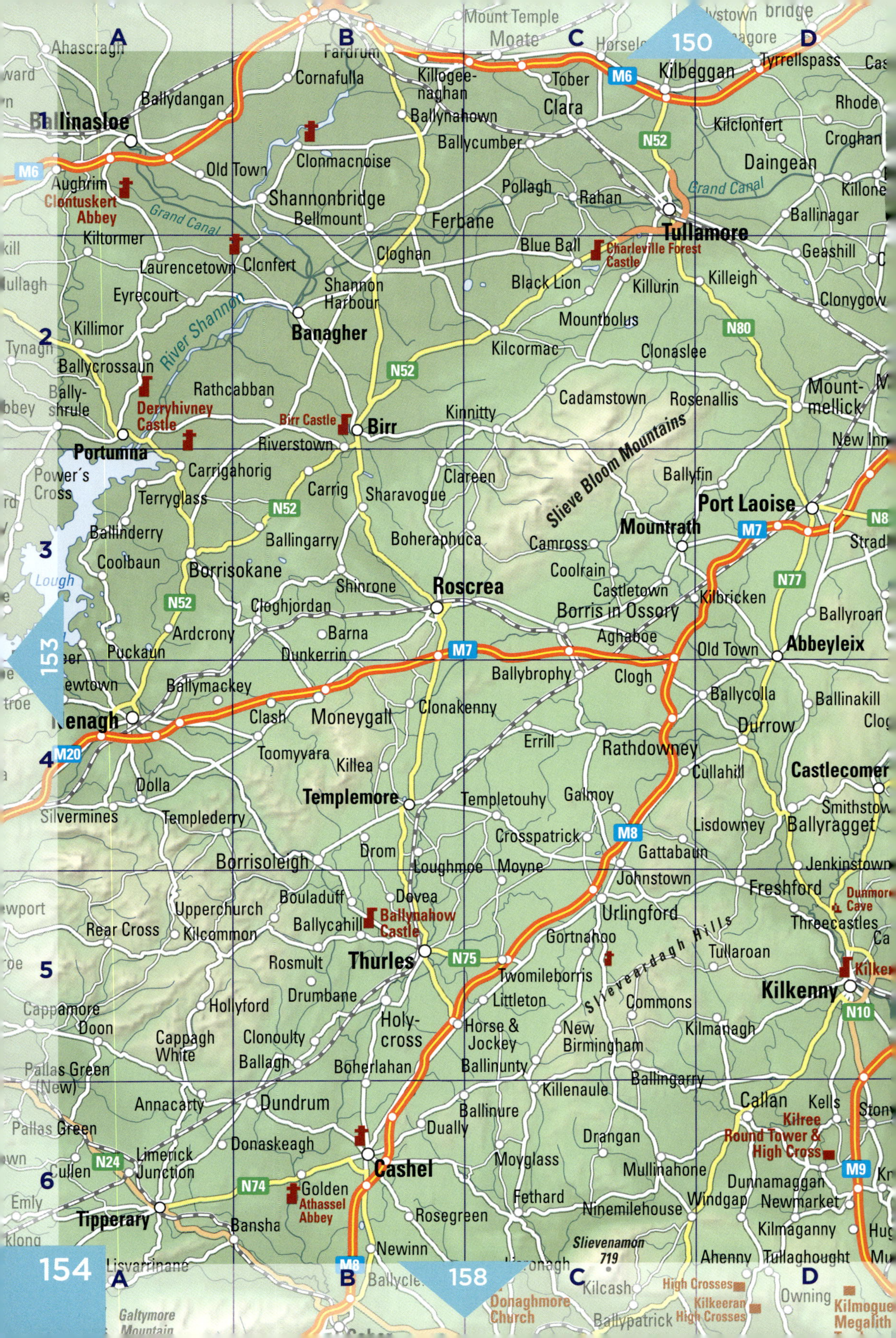
150
153
158
154
A
B
C
D
1
2
3
4
5
6
Ahascragh
Fardrum
Mount Temple
Moate
Horseleap
Tyrrellspass
Cornafulla
Killogee-
naghan
Tober
Kilbeggan
M6
Ballydangan
Ballynahown
Clara
Rhode
Ballinasloe
Ballycumber
Kilclonfert
Croghan
Old Town
Clonmacnoise
N52
Daingean
Aughrim
Clontuskert
Abbey
Shannonbridge
Pollagh
Rahan
Grand Canal
Killone
Bellmount
Ferbane
Ballinagar
Kiltormer
Cloghan
Blue Ball
Charleville Forest
Castle
Tullamore
Geashill
Laurencetown
Clonfert
Shannon
Harbour
Black Lion
Killurin
Killeigh
Eyrecourt
River Shannon
Mountbolus
Clonygowan
Killimor
Banagher
Kilcormac
N80
Clonaslee
Tynagh
Ballycrossaun
N52
Rathcabban
Cadamstown
Rosenallis
Mount-
mellick
Bally-
shrule
Derryhivney
Castle
Birr Castle
Birr
Kinnitty
Portumna
Riverstown
Slieve Bloom Mountains
New Inn
Power's
Cross
Carrigahorig
Clareen
Ballyfin
Terryglass
Carrig
Sharavogue
Port Laoise
Ballinderry
Ballingarry
Boherabhuca
Mountrath
M7
N8
Coolbaun
Camross
Stradbally
Lough
Borrisokane
Coolrain
N77
Shinrone
Roscrea
Castletown
N52
Cloghjordan
Borris in Ossory
Kilbricken
Ballyroan
Ardcrony
Barna
Aghaboe
Abbeyleix
Puckaun
Dunkerrin
Old Town
Ballybrophy
Clogh
Ballymackey
Ballycolla
Ballinakill
Nenagh
Clash
Moneygall
Clonakenny
Durrow
M20
Toomyvara
Erril
Rathdowney
Castlecomer
Killea
Cullahill
Dolla
Templemore
Templetouhy
Galmoy
Smithstown
Silvermines
Templederry
Crosspatrick
M8
Lisdowney
Ballyragget
Drom
Gattabaun
Borrisoleigh
Loughmoe
Moyne
Johnstown
Jenkinstown
Freshford
Dunmore
Cave
Bouladuff
Dovea
Upperchurch
Ballycahill
Ballynahow
Castle
Urlingford
Threecastles
Rear Cross
Kilcommon
Gortnahoo
Rosmult
Thurles
N75
Tullaroan
Slieveardagh Hills
Twomileborris
Kilkenny
Drumbane
Littleton
Commons
Cappamore
Hollyford
Doon
Holy-
cross
Horse &
Jockey
New
Birmingham
Kilmanagh
N10
Cappagh
White
Clonoulty
Ballagh
Boherlahan
Ballinunty
Pallas Green
(New)
Ballingarry
Killenaule
Callan
Kells
Annacarty
Dundrum
Ballinure
Kilree
Round Tower &
High Cross
Pallas Green
Dually
Drangan
Donaskeagh
Limerick
Junction
Cashel
Moyglass
Mullinahone
M9
Cullen
N24
N74
Golden
Athassel
Abbey
Dunnamaggan
Newmarket
Emly
Tipperary
Fethard
Windgap
Rosegreen
Ninemilehouse
Bansha
Kilmaganny
Newinn
Slievenamon
719
Ahenny
Tullaghought
Lisvarrinane
Ballyclerahan
Kilcash
High Crosses
Owning
Galtymore
Mountain
Donaghmore
Church
Kilkeeran
High Crosses
Ballypatrick
Kilmogue
Megalith

151
159
E
F
G
H
1
2
3
4
5
6
DUBLIN
Dublin Bay
Howth
Ireland's Eye
North Bull Island
Liverpool
Holyhead
Dun Laoghaire
Dalkey Island
James Joyce Museum
Cobblestone Bar
Kilmainham Gaol
Castletown House
Maynooth
Leixlip
Lucan
Clonee
Kilcock
Innfield
Johnstown Bridge
Clogharinka
Newtown
Carbury
Kilshanchoe
Celbridge
Clondalkin
Staplestown
Straffan
Derrinturn
Grand Canal
Prosperous
Allenwood
Clane
Newcastle
Rathcoole
Lullymore
Kilmeage
Sallins
Kill
Carragh
Kilteel
Brittas
Stepaside
Kiltiernan
Glencullen
Bray
Powerscourt
Enniskerry
Kilmacanoge
Greystones
Delgany
Kilpedder
Powerscourt Waterfall
Wicklow Mountains
Rathangan
Milltown
Naas
Rathmore
Kilbride
Blessington
Poulaphouca Reservoir
Lacken
Valleymount
Mullaghcleevaun 847
Kildare
Newbridge
Athgarvan
Kilcullen
Old Kilcullen
Ballymore Eustace
Nationalgestüt
Browns-town
Kildangan
Nurney
Calverstown
Hollywood
Newtown
Mt. Kennedy
Newcastle
Roundwood
Tonelagee 816
Lough Dan
Annamoe
Ashford
Wicklow
Rathnew
Wicklow Head
Glenealo Valley
Glendalough
Laragh
Wicklow Mountains National Park
Lugnaquillia Mountain 924
Kloster Glendalough
Glenealy
Rathdrum
Greenan
Kilbride
Ardmore Point
Narraghmore
Dunlavin
Donard
Crookstown
Grange Con
Athy
Timolin
Moone
Kilkea
Baltinglass
Rathdangan
Kiltegan
Ballinclash
Redcross
Maganey
Castledermot
Rathvilly
Knockananna
Macreddin
Küstenstraße
Mizen Head
Ballickmoyler
Killeshin Palatine
Killerrig
Hacketstown
Aughrim
Avoca
Carlow
Grangeford
Tullow
Rathgall Stone Fort
Tinahely
Bridgeland
Woodenbridge
Curraghlawn
Johnstown
Arklow
Ballinabranagh
Coolboy
Inch
Nurney
Ballon
Ardattin
Shillelagh
Killinierin
Leighlinbridge
Ballyknockan Mote
Ballymoon Castle
Fennagh
Clonegall
Carnew
Craanford
Gorey
Kilmichael Point
Castletown
Bagenalstown (Muine Bheag)
Paulstown
Myshall
Kildavin
Bunclody
Askamore
Ballyroebuck
Clogh
Courtown
Ballinkillin
Goresbridge
Mount Leinster 793
Clohamon
Camolin
Ballyoughter
Gowran
Borris
Killedmond
Kilmyshall
Ferns
Ballycanew
Roney Point
Ballymurphy
Ballycarney
Monamolin
Ballygarrett
Dungarvan
Blackstairs Mountains
Kiltealy
Ballindaggan
Cahore Point
Duiske Abbey
National 1798 Centre
Boleyvogue
Killann
Enniscorthy
Oulart
Kilmuckridge
St Mullins
Instioge
Rathnure
Ballaghkeen
Clonroche
Davidstown
Blackwater
The Rower
Oilgate
Tullagher
Ballywilliam
Listerlin
New Ross
Raheen
Adamstown
Screen
Curracloe
Wexford Bay
Castlebridge
Wexford Opera Festival
Glynn
Dunbrody
M4
M50
N3
N1
N81
N7
M7
M9
N78
N80
N11
M11
N30
C 101
C 102
C 103
C 105
C 107
C 109
S 104
S 106
S 108
S 110
S 115

152

Kerry Head
Glenderry
Causeway
Ballyheige
Lerrig
Ballyheige Bay
Magharee Islands
Abbeydorney
Fahamore
Rough Point
Kilshannig
Ardfert
Brandon Point
Brandon Bay
Maharees
Fenit
Church Hill
Listellick
Brandon Head
Brandon
Castlegregory
Tralee
Brandon Mountain
950
Stradbally
Tralee Bay
Blennerville Windmill
N21
Blennerville
Cloghane
Ballydavid Head
C 218
Feoha-nagh
S 220
Augha-casla
Glanbrack Mountain
851
Camp
Slieve Mish Mountains
Smerwick
Ballydavid
Stradbally Mountain
826
Castlemaine
Sybil Head
Smerwick Harbour
Kilmalkedar
Conor Pass
Lougher
Clogher Head
Ballyferriter
Dingle
Anascaul
Fybagh
Fierie
Dunquin
N86
Ventry
Lispole
Inch
Castlemaine Harbour
Milltown
Ionad an Bhlascaoid Mhóir
Celtic & Prehistoric Museum
Killorglin
Great Blasket Island
Fahan
Bull's Head
Minard Head
N70
Faha
S 219
Slea Head
Dingle Bay
N72
Kilgobnet
Glenbeigh
Lough Caragh
Beaufort
King's Head
Kate Kearney's Cottage
Kells
Canglass Point
Knocknadobar
690
Teermoyle Mountain
772
Carrauntoohil
1038
MacGillicuddy's Reeks
Leacanabuaile Stone Fort
C 217
Boheeshil
Beginish Island
Cahersiveen
Mullaghanattin
773
N71
Valentia Island
Knights Town
Chapeltown
Portmagee Ch.
Ring of Kerry
Kenma
Skellig Heritage Centre
Portmagee
Tooreenbog L.
Emlaghmore
Lough Currane
Iveragh
Blackwater Br.
Ballynahow
Puffin Island
Ballinskelligs
Waterville
Sneem
St Finan's Bay
Horse Island
Tahilla
Skellig Islands
Ballinskelligs Bay
S 215
Tuosist
Glenin Park
Bolus Head
Derrynane National Park
Caherdaniel
Sherky I.
Lauragh
Great Skellig
Abbey Island
Skellig Michael
C 216
Ogham Stone
Kenmare River
Derreen Gardens
C 214
Scariff I.
Deenish I.
Ardgroom
Caha Mountains
Sugarlo Mounta
Kilcatherine Point
S 213
573
Coulagh Bay
Ardacluggin Point
Eyeries
Hungry Hill
Adrigole
N71
685
Urhin
Slieve Miskish Mountain
Trafras
Cod's Head
S 212
Allihies
Castletown Bearhaven
Bantry Bay
Rerrin
Dursey Island
Bear Island
Ahakista
Cahermore
Dursey Head
Crow Head
Kilcrohane
Tooreen Visitor Centre
Dunmanus Bay
Toormore
Goleen
Three Castle Head
C 209
Crookhaven
Mizen Head
Brow Head
Cle

153
158
Abbeyfeale
Knock-nagashel
Glanaruddery Mountains
Dromtrasna
Inchabaun
Ballagh
Ashford
Broadford
Milford
Newtown-shandrum
Charleville
Kilmallock
Kilfinnan
Ardpatric
Seefin Mountain
528
Mullaghareirk Mountains
Mountcollins
Dromcolliher
Dromina
Tullyease
Brosna
Rockchapel
Freemount
Churchtown
Ballyhoura Mountains
Meelin
Kilcolman Castle
Liscarroll
Castleisland
Knockanefune
437
Taur
Cordal
Newmarket
Kilbrina
Buttevant
Currow
Scartaglin
Ballydesmond
Doneraile
Kerry Airport
Kanturk
Cecilstown
New Twopothouse Village
Kishkeam
Boherboy
Ballyclogh
Castletownroche
Knocknagree
Banteer
Mallow
Gneevgullia
Cullen
Dromagh
Kilcummin
Drommahane
Ballynamona
Killarney
Barraduff
Rathmore
Lyre
Mourne Abbey
Burnfort
Kilcorney
Millstreet
Headfort
Caherbarnagh
681
Boggeragh Mountains
Glenville
Muckross
Glen-flesk
The Paps
690
Mangerton Mountain
839
Lough Guitane
Clonkeen
Rylane Cross
Grenagh
Carriganimmy
Carrignavar
Donoughmore
Ballynagree
Ballyvourney
Berrings
Coolea
Ballymakeery
Aghabullogue
Blarney
St Gobnet's Church
Dripsey
Macroom
Coachford
CORK
Kilnamartyra
Carrigadrohid
St Senan's Abbey
Farran
Keamcorravooly Megalithic Tombs
Kilbarry
Farnanes
Cork Airport
Cullaba Hill
603
Ballingeary
Teerelton
Aherla
Waterfall
Kilmurry
Raheen
Inchigeelagh
Crookstown
Ballinhassig
Ballygarvan
Knockboy
706
Shehy Mountains
Kilmichael
Carrigmount
545
Cappeen
Shanlaragh
Newcestown
Cross Barry
Carrigaline
Halfway
Kealkill
Kinneigh Round Tower
Inishannon
Riverstick
Togher
Ballymartle
Ballineen
Enniskean
Bandon
Dunderrow
Belgooly
Dunmanway
Ballylickey
Ballynacarriga
Ballinadee
Kinsale
Summer Cove
Bantry
Ballinascarty
Kilbrittain
Drimoleague
Curraghalicky
Dromore
Rossmore
Drinagh
Timoleague
Ballinspittle
Michael Collins Centre
Caheragh
Reanascreena
Clonakilty
Lispatrick
C 204
C 205
Courtmac-sherry
C 206
Ross Carbery
Barryroe
Leap
Lissavard
Butlerstown
Old Head of Kinsale
N71
C 207
Skibbereen
Castlefreke
Ardfield
Drombeg Stone Circle
Clonakilty Bay
Seven Heads
Unionhall
Church Cross
Knockdrum Fort
Rabbit Islands
Dunowen Head
Castletownshend
Galley Head
Ringarogy Island
C 208
Horse I.
Scullane Point
Baltimore
Kedge I.
Island
N21
N22
N20
N72
C 203
210

154
157
Caher
Clonmel
Carrick-on-Suir
Mitchelstown
Mitchelstown Cave
Burncourt
Ardfinnan
Clogheen
Ballyporeen
Knockmealdown Mountains
793
Galbally
Ballylanders
Galtymore Mountain
919
Kilfinnane
Kilbeheny
Kildorrery
Kilworth Camp
Araglin
Glanworth
Kilworth
Labbacallee Megalithic Tomb
Fermoy
Clondulane
Ballyduff
Mt.Melleray Monastery
Cappoquin
Lismore
Tallow
Currabeha
Conna
Castlelyons
Curraglass
Glengoura
Rathcormack
Ballynoe
Villierstown
Aglish
Dungarvan
Drum Hills
Carronadaverg
301
Ringville
Ballynagaul
Helvick Head
Muggort's Bay
Dungarvan Harbour
Ballynacourty
Ballynacourty Point
Stradbally
Lemybrien
Bunmahon
Kill
Kilmacthomas
Tooraneena
Kilbrien
Monavullagh Mountains
Knock-aunapeebra
789
Ballymacarbry
753
Knock-anaffrin
Rathgormuck
Portlaw
Clonea
Kilsheelan
Ballypatrick
Kilkeeran High Crosses
Donaghmore Church
Lisronagh
Kilcash
Ahenny
Tullagh
Duntryleague Megalithic Tomb
Lisvarrinane
M8
N24
N72
N25
C 201
C 202
S 200
Clonmult
Dungourney
Mount Uniacke
Clashmore
River Blackwater
Dangan
Killeagh
Youghal
Leamlara
Knockraha
Glanmire
Carrigtohill
Midleton
Castlemartyr
Gortaroo
Cabin Point
Ardmore
Curragh
Grange
Loskeran
Mine Head
Youghal Bay
Ballymacoda
Knockadoon Head
Ladysbridge
Ballynacorra
Fota House and Wildlife Park
Great Island
Cobh
Queenstown Story
Passage West
Ringaskiddy
Whitegate
Cloyne
Shanagarry
Ballycotton Bay
Churchtown
Ballycotton
Crosshaven
Gyleen
Ringabella Bay
Minane Bridge
Nohaval
Ballinclashet
Newfoundland Bay
Swansea
Roscoff/ Le Havre

LEGENDE

1 Route 1 - CHARMANTE HAUPTSTADT DER REPUBLIK - und Tor in den Süden

2 Route 2 - KURS SÜDWEST: Countys Waterford, Cork, Kerry und Limerick

3 Route 3 - IRLANDS ZERFRANSTER WESTEN: Berge, Buchten und Mee(h)r

4 Route 4 - DONEGALS NORDEN, der wildeste Winkel der Republik

5 Route 5 - BURGRUINEN, BEEINDRUCKENDER BASALT UND EIN BOOMENDES BEELFAST

- M8 Autobahn mit Anschlussstelle
- N7 Schnellstraße
- N25 Fernstraße
- Hauptstraße, Nebenstraße
- Sonstige Straße
- Fahrweg
- Eisenbahn
- Flüsse
- See
- Bebauung
- Natur-, Nationalpark
- Staatsgrenze

N

0 10 km

1 : 450.000

HUBER KARTOGRAPHIE

- C 100 Campingplätze
- S 101 Stellplätze
- Sehenswürdigkeit - Kultur
- Sehenswürdigkeit - Natur
- Kirche
- Kloster
- Klosterruine
- Schloss
- Schlossruine
- Museum
- Höhle
- Windmühle
- Leuchtturm
- Flughafen

IMPRESSUM

Verantwortlich: Kerstin Thiele
Lektorat: Michaela Zelfel
Layout: Elke Mader
Repro: Cromika
Kartografie: Huber Kartographie
Herstellung: Anna Katavic
Printed in Slovenia by Florjancic

★★★★★

Sind Sie mit diesem Titel zufrieden? Dann würden wir uns über Ihre Weiterempfehlung freuen.
Erzählen Sie es im Freundeskreis, berichten Sie Ihrem Buchhändler, oder bewerten Sie bei Onlinekauf. Und wenn Sie Kritik, Korrekturen oder Aktualisierungen haben, freuen wir uns über Ihre Nachricht an Bruckmann Verlag, Postfach 40 02 09, D-80702 München oder per E-Mail an lektorat@verlagshaus.de.

Unser komplettes Programm finden Sie unter www.bruckmann.de

Alle Angaben dieses Werkes wurden vom Autor sorgfältig recherchiert und auf den neuesten Stand gebracht sowie vom Verlag geprüft. Für die Richtigkeit der Angaben kann jedoch keine Haftung übernommen werden, weshalb die Nutzung auf eigene Gefahr erfolgt. Insbesondere bei GPS-Daten können Abweichungen nicht ausgeschlossen werden. Sollte dieses Werk Links auf Webseiten Dritter enthalten, so machen wir uns die Inhalte nicht zu eigen und übernehmen für die Inhalte keine Haftung.

Danksagung: Thomas Cernak dankt Ralph Binder von der Firma La Strada Fahrzeugbau GmbH.

Bildnachweis: Alle Bilder des Umschlags und des Innenteils stammen vom Autor.
Umschlagvorderseite: Auf der Steinbrücke nach Seven-Heads
Umschlagrückseite: Doolin ist sehenswert

Die Deutsche Nationalbibliothek verzeichnet diese Publikation in der Deutschen Nationalbibliografie; detaillierte biblio-grafische Daten sind im Internet über http://dnb.d-nb.de abrufbar.

© 2019 Bruckmann Verlag GmbH, München
ISBN 978-3-7343-1233-5